馬場朝子 編訳

俳句が伝える戦時下のウクライナ

ウクライナの市民、7人へのインタビュー

現代書館

はじめに

二〇二二年二月二十四日にはじまったウクライナでの戦争は、すでに一年以上続いている。私はソ連時代にモスクワの大学に六年間留学し、帰国後はＮＨＫでディレクターとしてソ連、ロシアのドキュメンタリーを制作してきた。そして、いまもロシア、ウクライナ双方に友人や知人がいる。

かつてソ連という一つの国だったロシアとウクライナの戦争は、親戚や友人が敵味方で戦うことを強いられる悲惨な戦争だ。すぐに終わるのではないかとのかすかな希望も叶わず、戦争の先行きは見えない。

毎朝フェイスブックを開く。ウクライナ西部の小さな町に住む友人のナタリアさんは連日、自分が参加している前線の兵士たちへの支援活動の様子をアップしている。そして時折、そこには地元の若者の訃報と追悼文が載せられている。

平和な日本で朝のコーヒーを飲みながら、知人の死を悼むナタリアさんの言葉を読むことに、なんとも言えない重い石を飲み込んだような気持ちが続いている。
戦争の中で日々を生きることを強いられている人たちの思いを、どうにかして伝えたい。彼らの心の内を少しでも共有できないかと考え、俳句という表現にたどり着いた。心の表現としての俳句を通して、いま戦禍を生きる人たちの思いをそのまま伝えたいと思った。

意外かもしれないが、実はソ連時代から俳句は親しまれてきた。五、七、五の世界最短の定型詩は、一九三五年、ソ連時代に『おくのほそ道』が翻訳され、学校で俳句が教えられることもあった。

ソ連崩壊後はインターネットでも交流が進み、また、さまざまな俳句サークルも誕生し、俳句ブームが起きた。モスクワでは日本の国際交流基金主催の国際ロシア語俳句コンクールも開催され、本格的な俳人たちも育ってきた。日本で開かれる国際俳句コンクールにもロシアやウクライナの俳人たちが多く参加し入賞している。

旧ソ連圏だけでなく、いまや世界中に俳句愛好者がいる。日本では五、七、五の一七文字だが、英語やロシア語、ウクライナ語では母音と子音を組み合わせた音節で五、七、五を数える。一七音を基本とする短い詩、三行で書かれることも多く、三行詩とも呼ばれる。しかし、日本でも字余りがあるように、必ずしも五、七、五ではない。季語もないこともある。その自由さや手軽さて世界中の人びとに愛されている。

戦争の日々を詠んだ俳句を送ってほしいという依頼に応えて、ロシア、ウクライナ両国から寄せられた俳句には、戦時下を生きる人にしか詠めない戦争のリアルと深い悲しみが綴られていた。

この句を詠んだ方々の話を聞いてみたい、句にこめられた思いを詳しく紹介したいと、NHK、ETV特集で番組の制作を開始、現地を訪れることは困難な状況の中、オンラインでインタビューしたい旨を俳人の皆さんに伝えた。

はたして困難な状況にある俳人たちが話を聞かせてくれるのか不安だったが、ウクライナから七名、ロシアから八名の方々が応じてくれ、戦争についての体験や思いを率直に語ってくれた。それをまとめてETV特集「戦禍の中のHAIKU」を放送した（二〇二二年十一月十九日）。

しかし、一時間という番組の中では、寄せていただいた俳句とインタビューの一部しか紹介できなかった。

番組で紹介できなかった俳句やインタビューを含めてまとめたのが本書である。

まず二〇二三年二月に、ロシアの俳人の俳句とインタビュー『俳句が伝える戦時下のロシア

――ロシアの市民、8人へのインタビュー』（現代書館）を刊行した。

ロシアの俳人たちは突然の戦争への驚き、不安、後悔、罪悪感などを俳句に詠んでいた。

日常生活への危惧を詠んだ「特別軍事作戦　サラダに油　少なめに」（シベリア在住のベーラさん）、戦地に息子を送った母を詠んだ「生きてます　息子の手紙　光跳ね」（モスクワ在住のナタリアさん）、家族や友人が、戦争への賛否で分断されるつらさを詠んだ「ロシア世界　家庭の出合いは　前線に」（コストロマ在住のオレクさん）などである。

ロシアの俳人たちは、戦争への反対の気持ちを詠みつつ、俳句では何も変えられないと無力感を語っている。かれらの俳句には、社会を覆い尽くす重苦しい空気が満ちている。


本書にまとめた、ウクライナの俳人の方々へのインタビューは、戦争がはじまって半年が過ぎた二〇二二年の夏から秋にかけて行った。本書に掲載された年齢などはインタビュー時のものである。

直接話を伺いたく、相手の承諾を得て、インタビューはロシア語で行った。

「予感はあった。でも信じたくなかった」（レフコさん）、「理性では理解しても心で受け止めることは不可能でした」（マイヤさん）など、ウクライナの俳人たちはまず、ロシアによる突然のウクライナ各地への侵攻に戸惑いと驚きを語った。

また、寄せられた六十句以上の俳句には、戦時下の日々の生活の克明な記録、そして深い悲しみと怖れが詠まれている。

「うつくしき　空より飛来　ロケット我らに」（ブラジスラワさん）

「戦争の空　ほの赤き　樹冠」（ガリーナさん）

そして、避難をめぐる家族の議論、親しい人と別れ別れになる悲しみ、生き延びるための終わりの見えない戦い……。

一方、厳しい戦時下での避難者たちの支え合いと共感も微かな光として語られる。この戦争で苦しんでいるのは人間だけではない。人びとが避難した後に取り残されたペットたち、燃え続ける森林と、住処を失った渡り鳥たち、収穫されずに燃やされた小麦畑なども俳句に詠まれている。

戦争は激しい攻防が続く前線や、投下される爆弾の元だけで起きているのではない。日々のニュースで戦争の情勢を見ていたはずなのに、私は戦争の本当の姿をまったくわかっていなかったということを、彼らの俳句を読んで思い知らされた。

生活のすべてが、戦争というものに深く侵食されていく。ウクライナの俳人たちの俳句は、戦争が人間と地球を破壊していく過程を、生活の隅々を描写することで詳細に伝えている。

俳人の一人、イリーナさんは「俳句は詩の日記」だという。彼らが俳句に著した戦争の実像を、ぜひ読んでいただきたい。

馬場朝子

二〇二三年六月

俳句が伝える戦時下のウクライナ＊もくじ

戦火のキーウから東京へ　ガリーナ・シェフツォバ

ニヒウ
スナ川
ロシア
スーミ
ドン川
ラ イ ナ
ハルキウ
ボルタヴァ
ルカーシ
ドニプロ川
ドネツ川
キロヴォフラード
ドニプロ
ルハンシク
ドネツク
クリヴィーリウ
ザポリージャ
マリウポリ
ミコライウ
ロストフ・ナ・ドヌー
ドン川
ヘルソン
アゾフ海
ブルン半島
クリミア半島
シンフェローポリ
黒 海
セヴァストーポリ
ヤルタ
N
0
200km

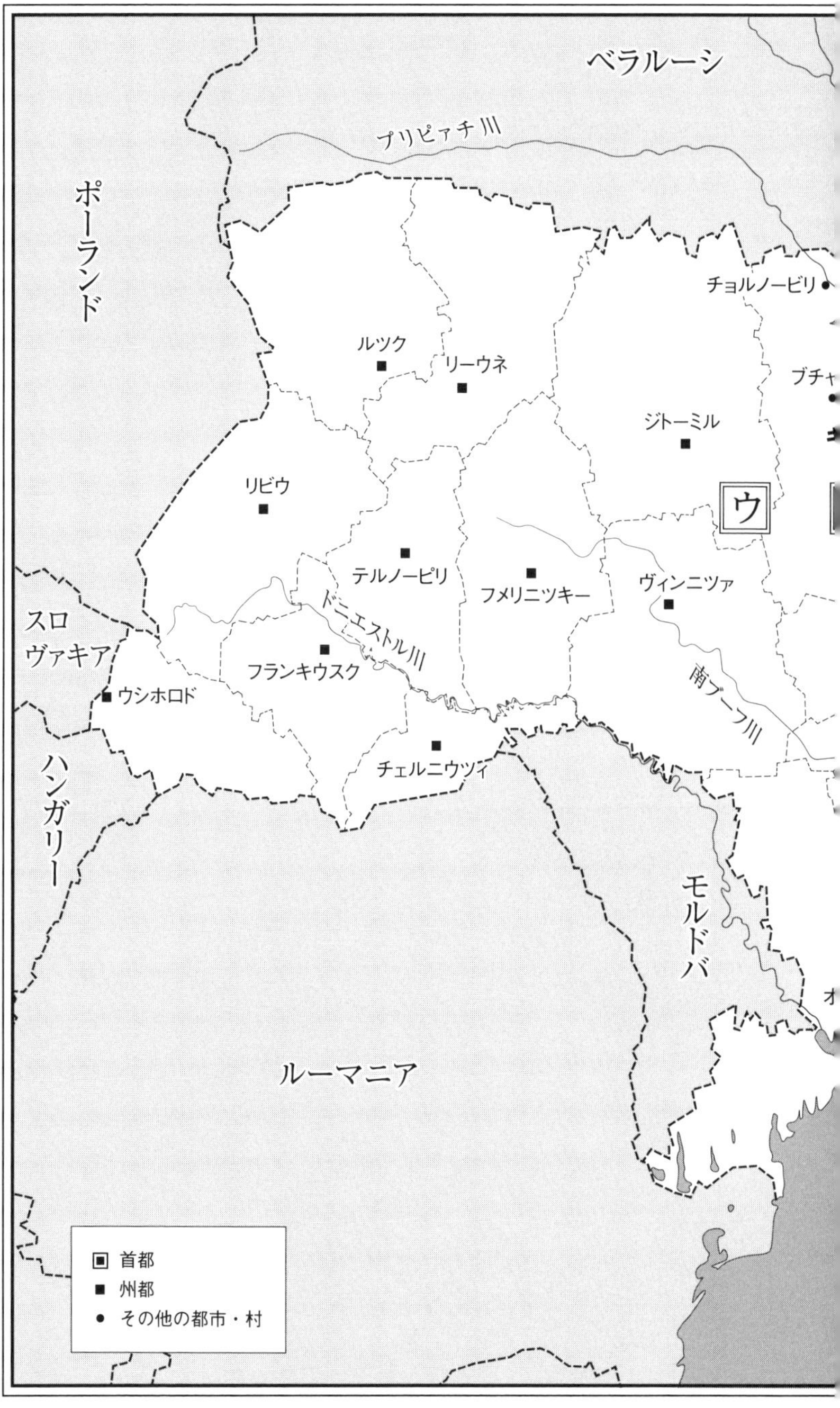
ベラルーシ
プリピャチ川
ポーランド
チョルノービリ
ルツク
リーウネ
ブチャ
ジトーミル
リビウ
ウ
テルノーピリ
フメリニツキー
ヴィンニツァ
スロヴァキア
ドニエストル川
フランキウスク
ウシホロド
南ブーフ川
チェルニウツィ
ハンガリー
モルドバ
ルーマニア
首都
州都
その他の都市・村

父と二人、爆撃続くキーウの街で

マイヤ・ストゥジンスキさん
キーウ在住。
ヴェルナツキー国立図書館で、国際図書部のジュニアフェローとして働く。父と暮らす。

――俳句を詠みはじめたのはいつからですか？

私はウクライナ作家同盟の散文マスタークラスで散文を書いてきました。長編小説や短編小説です。そこで俳句クラブを長年運営していたガリーナ先生［一七七ページ参照］と知り合いました。私と彼女は、互いに書いているものについて話し合いました。その当時は、自分が俳句のような単語の少ない形式に切り替えるなんて、想像していませんでした。私はストーリーを作るのが好きでしたから。

でも、パソコンの前に座って長いテキストを書いているときにいつも感じていたのは、自然の中にいて、匂いをかいで、色彩を見て、鳥の声を聴いているときに感じるような、生きているという実感があまりないということでした。それから自然の風景写真を撮るのに熱中するようになったのですが、写真を撮るのが好きな気持ちと文章を書くのが好きな気持ちを、どう結びつければいいのか、わからないままでいました。

そんなときにガリーナ先生が声をかけてくれたのでした。最初は全然うまくできませんでした。いまでも本当に良い俳句が詠めているのか自信がありません。私は、俳句が自分のいるいまこの瞬間を描写する必要があるということを理解していませんでした。いつも、何かストーリーを考え出そうとしていたのです。言葉も多すぎました。徐々に、自分が自然の中の瞬間に溶け込むようになりました。湖のほとりにやってきて、そこにたたずむと、すべてがとても美しくて、何も余計なものを考え出す必要はありません。写真のように、ただ言葉でこの感覚を記録すればいいとわかったのです。

頭の中で書き留めるにはほんの数秒あれば十分です。私の自然に対する愛と、何かを書きたいという気持ちと写真が同時に結びついたのです。

戦争の予感、突然の侵攻

満月や
鷺《サギ》の孤独な
声ひとつ

――この俳句についてお話してください。

私はこの句が好きです。これは、かなり簡潔に表現することができた最初の作品の一つです。

――とても美しいです。

まだ暗い夜明け前の時間ですが、目が覚めて、サギが鳴くのを聞きました。サギは夜には鳴かないはずなので、もしかすると何かに怯えたのかもしれません。まだ大きな月が空に残っていました。なぜか、このサギは誰かを呼んでいるのかもしれないと思いました。

夜明け前に、とても早くに目が覚めて、全員寝ているのに自分だけが起きているという孤独な感じです。自分の感覚とも重なって、私はこのサギのことがわかったような気がしました。

――俳句を詠みはじめてから、自然に対する見方は変わりましたか？

はい、大きく変わりました。私は自然をより愛しく感じるようになりました。自然と一体化するような感覚です。ですが、自然が自分に十分に染み入っているとは、まだ思っていません。もしかすると、人生最後の日までできないかもしれませんが、そうなれればいいなと思っています。

私が俳句を理解するために、自然に触れて一体化することはとても役に立ちました。ある意味で宗教的な行為なのかもしれません。あるいは、超自然的な行為というべきかもしれません。私は俳句を通して自分の気持ちをほかの人と共有することができますし、読んだ人は私の感じたことを摑み、理解するのです。これはとても驚くべきことです。

耳詰まる
突如の静寂
雪は血に

――この句は戦争がはじまってから詠んだものですね。

ベランダの窓から見た光景です。激しい爆発があり、その後、静寂が訪れました。信じられないような静けさです。この静けさは、ただ単に静かなときというよりも、はるかに深いものでした。夕焼けに雪が赤く染まるのを目にしました。それは、私に人の死を連想させました。三月初旬だったと思います。キーウの冬は終わっておらず、まだ新雪が降り積もっていました。突然敵がやってきて、民間人を殺し、兵士を殺しました。私は、キーウ郊外が占領されたときに、そこから脱出しようと試みた人たちの話を聞きました。彼らは道路に沿って横たわっていた遺体を見たそうです。その話を聞いてから外に出て、血のような夕焼けを見たので、すべてが不気味に感じられました。

――キーウがミサイルで攻撃されていた頃ですか？

そうです。最初の犠牲者が出たときです。人びとは街を脱出しなければならなくなりました。

いまの私たちはもうなんとなく慣れています。ですが、最初はこれがなんなのかが理解できませんでした。キーウが爆撃されていたり、住宅の上空でミサイルが爆発したりしていることが理解できませんでした。

――二月二十四日に戦争がはじまったことを知ったとき、どう感じましたか？

もしかすると戦争がはじまるかもしれないと、アメリカやヨーロッパの諜報機関が警告していました。私も、実際にこれはとても大きな脅威だということはわかっていました。ですが、それが起きうると心から信じることは……。私は、たぶん東部で継続している戦闘[*1]がもっと深刻化するのだろうくらいに思っていました。

この日、私の母が夢枕に立ちました。母は五年前に亡くなっています。私が暗い廊下に出ると、開いたドアの向こうに母が立っていたのです。母は私に、「これがはじまったら、あなたたちはどこでもいいから、どんな方法でもいいから、逃げなければいけないよ」と言いました。私は突然目が覚めて、同時に窓の向こうで爆発音が聞こえました。

私はスマートフォンでフェイスブックを開いて書き込もうとしました。私はそのとき、「もしそうなったら」と書き出すか迷っていたのですが、タイムラインは、「いよいよはじまった。私たちはすでに爆撃されている」という投稿で溢れていました。

私は走って父の部屋へ行って起こして、何が起こったのかを話しました。ですが、父は私の言うことを信じませんでした。父は、「たぶんどこかの倉庫か何かが爆破されているんだ、前もって計画されていた爆破作業をやっているんだ」と言いました。

父自身、自分でインターネットを見るまで納得していなかったのかもしれません。父は、信じたくなかったのです。私は、あの夢の話もしました。ですが、私たちは母の言うことを聞きませんでした。私は、また今度にしようと、先延ばししたのでした。逃げなければいけないようなことが起きないように願っていました。

理性では、これは長年にわたって熟してきたことの結果なんだ、私たちの国の歴史すべての中で熟してきた結果なんだと理解しています。ですが、心でこれを受け止めることはできませんでした。

友人が私にどうしているか尋ねてくれることや、誰かがどこかへ脱出するのが間に合ったという話を聞くのは、支えになりますし、とても心をほっとさせてくれます。私は、自分がどこかの社会に属していて、一人ぼっちではなく父と一緒なんだということを理解していました。呆然自失としていましたが、私たちは、できる限りお互いを支えあっています。みんな不安を抱えていましたし、強い不安からヒステリーを起こした人もいました。それでも、自分よりも大変そうな人を見ると、その人に何か良いことを言おうとするものですし、そうすることによって自分も楽になります。

――戦争が実際にはじまったとき、お父さんはなんと言いましたか?

父は混乱していました。あとになってから私は、「どうして私の言うことを信じなかったの？　すぐに信じなければいけなかったのに」と聞いてみました。父は私に何か説明しようとしましたが……。

とにかく私だけ出ていくのは嫌でした。ウクライナ西部の、森や山の美しいところへ行かないかという提案もありました。ですが、私は父と一緒に行きたかったのです。父とは長いこと議論しましたが、最終的に一緒にキーウに残ることにしました。

すぐに、さまざまな問題が発生しました。食べ物を買いにいくのにも、走って出かけなければならなくなりました。お金をおろそうとしましたが、カードではもうおろせなくなっていました。みんなが引き出してしまって、ATMが空っぽだったからです。いろんな場所で長蛇の列ができて、道路は自動車で渋滞していて、人びとは出て行く準備をしていました。

しばらくすると、キーウ市民は落ち着いて行動するようになり、お互いを支えるようになりました。私たちも軍人を支えようとしてきました。物資を運んだり、コーヒーを淹れたり、彼らをどうにかして暖めようとしました。父は、自動車で軍人と一緒に移動し、おしゃべりしたり、何か食べさせたこともありました。彼らはなぜか父とおしゃべりしたくなったようです。父は彼らと楽しくおしゃべりして、一緒にコーヒーを飲みました。私はそれがうれしいです。私の父は機知に富んだ皮肉屋です。いつも冗談を言い、私を支え、気分を変えようとしてくれています。

――いまはとても大変なときですが、俳句を詠むことはあなたの役に立っていますか？

はい、役に立っています。私にとって、ある瞬間を記録するのに、俳句の簡潔さはとても役に立ちます。クラブの人たちと共有することができますし、フェイスブックでもすぐにシェアすることができます。それに、いまは人びとは長い文章を読むのが好きではありません。

――戦争がはじまってからも、ずっと俳句を詠みつづけていますか？

ずっとではありません。自然に出てくるときに俳句をしたためているといった感じです。

戦争の顔

色失せた
凍える女
地平線が震える

――この句はどんな状況で詠んだものですか？

キーウの郊外、ブチャで女性が殺害されたり、暴行を受けたというニュースが報じられていた頃、私は外に出て轟音の中を歩いているときにこの女性を見かけました。とても様子がひどかったので、いまだに脳裏に焼きついています。

あの頃はかなり寒くて、まだ春の訪れにはほど遠く、ずっと大砲の音が鳴っていました。私はその轟音の中で、ただ路上を歩く、とても青ざめた顔で悲観的な表情をした女性を見たのでした。私にはわかりませんが、彼女に何かあったのかもしれませんし、誰か親しい人を失ったのかもしれません。

私は、これは戦争だ、これが戦争の顔なのだと思いました。

その頃にはキーウには避難民が移送されてきていましたし、その中にはブチャからやってきた人たちもいました。彼女はブチャかイルピンから来たのかもしれないと思いました。恐ろしいことを体験したのかもしれません。

——「地平線が震える」というのは?

地平線がなぜ震えているかというと、常に大砲の音が轟きわたっていたからです。一番最初にこの轟音を聞いたのは、川の近くの公園に行ったときでした。その後は、家にいながらにしてこれが聞こえてくるようになりました。窓ガラスが振動してガタガタと音を立て、それに合わせて窓枠も振動します。歩いているときにこの轟音が聞こえてきて、そしてこの女性を見かけたのです。

　別の連想もありました。街角には殺害された民間人や女性の写真がたくさん貼られていましたが、私はこれらの写真を直視することができませんでした。

　とにかくこの光景を完全に私から切り離すことは不可能です。なぜならこれが私たちの現実だからです。

　私はいつも、銃砲の音が鳴り、地平線全体で爆発が起きているような印象を持っていて、そのように自分に言い聞かせながら歩いていました。地平線上のいくつかの場所が震えていました。巨人の足音のような地響きが聞こえます。これを、何時間もただ聞いているのです。私はいつも、「地平線が震えている、地平線が震えている」と言っていました。まるで全世界が崩壊するように感じられました。

警報中
少女の笑顔
ケシが咲く

赤いケシの花は、血や怪我を連想させます。ウクライナでは、ケシは都市部にも生えています。これは五月頃、キーウが少し静かになった頃に詠みました。

静かになったと言っても、サイレンは常に鳴っていましたし、キーウの周辺や森林では地雷除去が行われました。それでも生活は続いていました。四月には、恐ろしい表情で路上をただ歩いている人たちを見ました。目に涙を浮かべて歩いている人もいました。途方に暮れた人たちが、座って遠くの岸辺を見ていました。その先では銃撃があり、爆発も起きているのですが、彼らはただ座って見ていました。

一方で花が咲いています。まるで若い女性のようです。若い女性たちは春や恋愛などを想起させますし、美しく着飾った女性たちは、サイレンが鳴っていても笑顔を見せてくれます。そして、街中にケシの花が咲いているのが見られます。花壇などに植えている人がいるのかもしれません。美しい赤いケシの花と女の人のほほ笑み――生活の喜び、生きる喜びが残っていることが感じられます。とはいえ、周りでは恐ろしいことが起きています。ケシの花は美しいですが、同時に怪我や血のシンボルでもあるのです。

――つまり、ケシの花は二つの意味があると。

笑顔とサイレンです。サイレンは脅威であり、死です。春や死や恋愛——これらが同時に生じています。驚異的なドラマです。

鳥たちにとっての戦争

空っぽのコウノトリの巣煙の道

今年は鳥も満足に巣を作ることができませんでした。三月にはキーウの郊外にあるゴレンカという村が激しく砲撃されました。ここは私の好きな場所なので、移動許可が出たときに、そこで何が起きたのかを見にいきました。コウノトリの巣が空っぽになっているのを見て、コウノトリが来なかったことを知りました。コウノトリが飛んできて巣を作ったり古い巣を利用したりする時期に、そうすることができなかったのです。

——コウノトリが飛んでくるのは、普通は春ですか?

はい、そうです。五月末から六月初旬が、コウノトリが活発に活動する時期です。私はそこで、カラスを見ました。カラスはずっとそこに住みついているようで、不気味に上空を飛びつづけていました。コウノトリは、赤ん坊を連れてくるという、誕生や復活のシンボルですが、いませんでした。

——「煙の道」というのはどういうことですか?

ゴレンカでは、煙が立ち上り、焦げる匂いがしていました。たくさんの不発弾が残っているそうですし、地雷が除去されていない森林で爆発が起こり火災が発生する可能性もあると言われています。これもたぶん、鳥の邪魔をしているのだと思います。

——この「煙」は戦闘の煙ということですか?

戦争が起きているときは、煙の立ち込めた状態になります。至るところで火災が起きていますから。しかも、通常よりもはるかに大きな火災です。キーウ近郊では、この季節になると火災はしばしば起きていました。泥炭が自然発火するのです。ですが、この火災はちょっと違うのです。

――外出が許可されたときに見たのですね。最初の頃はあなたは地下室にいたのですか？

私たちは家に隠れていました。窓から離れて二枚の壁の間にいるようにという、「二枚の壁のルール」があります。ですが、ときどき地下鉄の構内に隠れることもありました。私の家の近くにある学校の地下室に隠れることもできましたが、そこにはたくさんの人たちが集まっていて、なんとなく、私も父も行きにくかったのです。

――普段は自宅にいたのですか？

基本的にはそうです。外を歩いているときに警報が聞こえたら、真っ先に地下鉄の駅を探していました。

ジョウビタキの巣
無人の教会の
屋根の下

――この句も鳥を詠んだものですね。

これも、ゴレンカで見た光景です。あそこでは、たくさんの住宅や宗教施設が被害を受けていました。正教会ではなかったと思いますが、教会がありました。そこには誰もいませんでした。その教会で私はジョウビタキという鳥を見ました。ジョウビタキというのは、小さな鳥です。おそらく日本にもいると思いますよ。私の家の隣にガレージがありますが、ジョウビタキはそこにも巣を作りますし、都会にも生息しています。ゴレンカに家のある人たちは居住することが許可されていたのですが、それでも教会を訪問する人は誰もいませんでした。

教会というのは人が集まるための場所ですし、日曜日なので、そこには人がいるはずです。ですが、その教会は空っぽで、屋根が少し壊れ、窓ガラスも割れていました。ジョウビタキも生命のシンボルです。まるですべてがこれから良くなるというように、何かを良いほうに変えてくれるかのように見えました。

――いま教会に行く人は多いですか？

わかりませんが、復活祭があったときは――これは春、二〇二二年四月でしたが――、教会に押しかけないように要請されました。安全のためにです。なんでも起きる可能性がありますから。でも人びとは祈りをささげるために教会へ行きました。私たちの地区の復活祭では、クリーチ［復活祭用の円筒状の甘いパン］にご加護をもらうのです。

脅威は空からやってくる

南東よりの
重き風
空から目を隠す

――この句について説明していただけますか。

これは戦闘があったときの句です。ウクライナでは、南東部でとても深刻な戦闘があり、多くの人が捕虜になりました。私たちには、いつも怖れの感覚がありました。私はキーウ郊外に住んでいますが、とてもたくさんの埃と煙が、まさにその方向から飛んできました。南東部で戦闘が行われているために、空中の埃が飛んできて、地平線全体が灰色の煙に包まれて、その隙間からかろうじて太陽が出ていました。煙に包まれた空などみたくありませんし、航空機の轟音も聞きたくありません。ですが、この自分のいる現実から逃げることはできません。そのときに、私はこの俳句を詠みました。

私は家の中に隠れようかと思いましたが、家は頼りない気がしました。住宅は――コンクリートであっても、小さな土の家であっても――どれもまるで段ボールでできているかのように見えました。これが数日間続きました。

この風は、実際になんだか少し燃えているような、熱い風でした。直接肌でこの埃を感じ、この煙を見たのです。飛んでいた航空機はロシアの戦闘機ではなかったのですが、いずれにしてもこの感覚や轟音は恐ろしいです。


――南東部でのこのような状況はずっと続いていますか？

これは八月のことです。私はテレビで、あちらで激しく、とても困難な戦闘が行われているのを見ました。


――あちらには、知り合いや友人はいますか？

あちらから引っ越してきた知り合いの人たちはいます。キーウに滞在していましたが、耐えられずに外国に出て行った人たちもいます。

マイダン革命〔二二〇ページ参照〕後、東部で戦闘がはじまった直後に避難してきた人たちも知っています。二〇一四年のことです。彼らはキーウで暮らしています。戦争がはじまると、彼らはとても心配していました。向こうに残った親戚の人たちがいたので、その人たちを救出していました。

――「目を隠す」というのは目を閉じるということですか？

「目を隠す」というのは、何も見たくないということです。目をそらし、伏せるということです。空はとても大きいですから、空から隠れることはほぼ不可能です。

空はいつでも美しいのですが、いまはこの脅威は空からやってきます。この空が煙っているときには、特に見たくないという気持ちになります。キーウで激しい戦闘が行われている間に、空が煙っていることには慣れてしまいましたが……。

短夜の
愛の囁き
灯火管制

――この句は少し違う雰囲気ですね。

私たちは、なんでも静かにやるよう努力しました。私たちは毎晩、爆撃されないように、光が漏れないように、窓をカーテンでしっかりと閉めるように要請されました。でもこの警報の中では熟睡できません。このような状況では、窓のカーテンを閉めるだけでなく、本能的に、何をするにしてもいつも静かに行動しようとするようになります。もちろん、自分の音は向こうには聞こえるわけがありませんし、戦闘機や高層の建物から私の音を聞きつけることはできないと、頭では理解できるのですが、ネズミが隠れるみたいにしなければならないという気がするのです。何にも違反しないように、とても慎重になろうという気持ちになってしまいます。

――ですが、これはロマンチックな雰囲気もある俳句ですね。

はい。ロマンチックな気持ちは、心の中にあるとても強い気持ちです。すべてが、もしかすると最後になるかもしれませんし、それすら自分ではわからないからです。これはより深く、より強くなりますし、同時にとても注意深くなろうと思うのです。

――こんなつらい状況だからこそ、ほかの人たちと関わりたいという思いが強くなるのでしょうか？

はい、何か光を求めています。これまで、私は自分が親しく話をする友人は三人だと思っていましたが、いまではるかにたくさんの人たちが話しにくるようになりました。

私はバードウォッチャーです。キーウの大きなバードウォッチングのグループにも参加しています。メンバーは数百人もいますが、毎日早朝に安否の確認をしていますよ。

その中に一人、マリウポリ出身の女性がいます。彼女は家族を亡くし、キーウにやってきました。いままでは私たちが彼女の家族だと言います。ですが、グループの連絡を通じて、両親と甥は生存しているということがわかったのです。彼女は彼らを救出し、より安全な場所に避難させました。私は安心しました。彼女は家族全員を亡くしたわけではなかったからです。

私たちはＳＮＳで、ちょっとしたことを話しあいます。誰がどこでどんなお茶やコーヒーを買ったかといった話や、町で何が起きているかといった話です。ＳＮＳで話をすることはあまり許可されていませんが、誰かにその情報を利用されないように注意深くやり取りしています。どこで何が爆発したというような話をしないほうがいいということは理解しています。ですが、私たちは、何か平和な話をシェアすることはできます。これがとても支えになっています。

一年過ぎ暖かき母の首飾り

最後に私がとても好きな俳句を紹介します。私がこれを書いたのは戦争中ではなく、数年前の新年を迎える頃でした。私は母のネックレスを引っぱり出しました。ついている石は少し冷たかったのですが、私がつけている間に少し温まりました。母の思い出のようにです。当時は母がいなくなって一年が過ぎた頃でした。母のこのネックレスは、思い出で私を暖めてくれます。思い出してみれば、すべてが素晴らしかったです。母と過ごしたいろんな瞬間や、母の愛を思い出します。

これは戦争中のいまも支えてくれています。母はただ夢に出てくるだけでなく、ネックレスを通して暖炉のような温もりを直接伝えてくれるのです。これは大きな支えとなっています。

母とは、料理をしたり、掃除をしたり、どこかに買い物に出かけたりといった、ごく普通の生活上のことしかともにしていません。でも、いまも私はとても感謝しています。いなくなってしまっても、その人のイメージはここにあるのだという感覚はあります。私は、魂や意識は存在しつづけるものだと信じていますが、客観的に、唯物論的に言えば、彼女のイメージが暖めてくれているので、このネックレスはシンボルということになりますね。私は、母がこのネックレスをつけた写真をたくさん持っています。

——この句の情景が浮かびます。

それはうれしいです。

でも私の作品を別の言語に訳したことはまだありません。

――詩や俳句は自然や世界のとらえ方が違うので、訳すのがとても難しいですが、あなたの作品はとても美しいですし、日本の方にも伝わると思います。

そのように読んでいただけるとうれしいです。少なくとも、気持ちの面や、私は本当に俳句を書いているのだという点で自信を持てるので、誇りに思います。

＊1　二〇一四年のマイダン革命に端を発し、ルハンシク州、ドネツク州のロシアからの支援を受けた親ロ派武装勢力が、地方行政府を占拠し、ウクライナ政府軍との戦闘が起きた。八年間におよぶこの戦闘で、住民を含む一万四千人以上が犠牲となった。

破壊された故郷、ハルキウを想う

ブラジスラワ・シーモノバさん
二十三歳。戦闘の激しいウクライナ東部のハルキウ市在住。
後に、ポルタヴァ市に避難。
ＩＴ専門学校で学ぶ。両親と、犬と暮らす。

――七月も半ばを過ぎました。ハルキウの状況はどうですか？

市内の状況は不安定です。今日も地区の一つが砲撃されました。すでに怪我人と、三人の死者が出たことがわかっています。私は朝、その音を聞きました。私はもう音だけで、火砲なのか地対空ミサイルなのか、だいたいわかります。残念ながら、昼夜関係なく砲撃が続いています。

サイレンは毎日鳴りますし、今日ももうすでに何度も鳴っています。ですが、なんとか生活は続いています。公共交通機関は動いていますし、できる人は可能な限り仕事に通っています。いまの状況は、物価が高くなり、すべての商品が従来のように店頭にあるわけではありません。でも、生活必需品はすべてあります。基本的に、この二か月ほどで状況はある程度改善したと言えます。自分でもよくわかりませんが、もしかすると私たちはこの状況に慣れてしまったのかもしれません。ですが、爆発に慣れることはできません。警報や爆発音ですぐ目が覚めてしまいます。夜中に目が覚めることもあります。

――住民は町を去りましたか？

一番人口流出が激しかったのは二月末から三月半ばまでです。私たちの避難所からも、毎日のように人びとが去っていきました。

男性は戦争開始直後から出国することが禁じられていますが、可能な限り妻や子どもたちを出国させるためにみんな努力しています。ハルキウの住民百四十万人のうち、半数近くの人が出ていきました。でも、いまは戻ってきている人もいます。外国で仕事を見つけるのがそんなに簡単なことではないためです。言葉を知らない人もいますし、専門の職に就けない人もいます。また、難民用の支援物資の量は削減されているので、外国に留まることのできなかった人たちは帰ってこざるをえなくなっています。

――それはいつ頃からですか？

戻ってくる人たちの最初の波があったのは、四月下旬のことです。私の知り合いもその頃に外国から戻ってきました。

――あなたは避難しようと考えませんでしたか？

出ていくことはまったく考えませんでした。外国だけでなく、国内での避難もです。多くの人がウクライナ西部に、あちらのほうが安全そうだからということで移動しました。しかし、各地で発生しているテロによって、ウクライナには安全なところなどないということが、残念ながら証明されてしまいました。

私はいくつかの理由でハルキウに留まることにしました。学業を終えていなかったことも理由の一つです。戦争がはじまったとき、卒業まであと二か月を残すだけだったのです。両親が若くないことも問題でした。とにかく、私たちはハルキウに残ることに決めました。というのも……「どうしていいかわからないなら、何もしなければいい」と言いますから。

――それはウクライナのことわざですか？

これがことわざなのかどうかは知らないのですが、私の叔母がそう言っていました。きっとその通りなのでしょう。

子ら遊ぶ紙飛行機で防空壕

――これはどんな状況で詠んだ句ですか?

俳句を詠むことの主な目的は、自分自身が目撃した瞬間を記録することです。この句にある瞬間は、私たちが防空壕に避難した最初の頃に、私の目の前で実際にあった出来事です。私は、人びとがどのようにしてこの状況、このストレスに耐えているかを観察していました。そのときに、子どもたちがどうやって遊びを探しているか見ていたんです。当然ながら、おもちゃは全部自宅に置いてきていましたから、子どもたちはありあわせの材料で自分でおもちゃを作るしかありません。彼らは紙を見つけて、それで紙飛行機を作って飛ばしていました。このシーンがとても衝撃的でした。だって私たちは防空壕にいたんですよ。ハルキウ上空では、まさに戦闘機が爆弾を投下しているときですから。

——何月ですか？

三月初旬です。頭上を飛ぶ敵の戦闘機が町を破壊していて、私たちはそこから逃げて地下に隠れなければならなくなっているのに、そこでは子どもたちは紙飛行機で遊んでいるというコントラスト。このコントラストにとても衝撃を受け、俳句を詠まずにはいられませんでした。

——防空壕には長いこといたのですか？

ほぼ三か月いました。

——昼も夜もですか？

昼も夜も、二十四時間ずっとです。

——防空壕には何人ほどいましたか？

三月半ばまでは、私たちの防空壕には三百人は確実にいたと思います。防空壕には大きなスペースが二つありましたが、とても狭く感じました。私の両親は最初の二、三日は床に座ったまま寝ていました。横になれる場所もなかったからです。これは私の両親だけではありません。それに、鉄道駅にいるような自分の声すら聞こえない騒音。明かりは昼も夜もついたままでした。この状況はとてもつらいです。戦争がストレスをもたらしているだけでなく、防空壕にいることもストレスでした。ですが、防空壕にいると自分が安全であると感じられるので、外にいるのとは比べ物になりません。

――そんな状況でも、子どもたちは何かで遊ばなければならないですよね。

子どもたちは世界中どこにいても子どもです。私たちの防空壕にはさまざまな年齢の子どもたちがいましたし、赤ちゃんもいました。母親たちはこのすべてに耐えるのが本当につらかっただろうと思います。

三月半ば頃には、防空壕の避難者は三分の一ほどに減っていましたので、状況は少しばかり楽になりました。徐々に人道支援物資が供給されるようになり、落ち着いてきました。とはいえ、あくまでも、比較的落ち着いてきた、というだけですが。

――あなたの地区で空爆がはじまったのは二月末ですか、それとも三月初旬ですか?

戦争の最初の日を思い返すと――この二〇二二年二月二十四日のことは、どのウクライナ人も忘れられないと思いますが――、この日、私はよくわからない何かの音で早朝に目を覚ましました。そのときは、うちの近くにある工場で事故があったのか、あるいは爆竹の音か何かだと思いました。何かの音で目が覚めたとき、「これは戦争だ！」なんて、普通は思いもしませんよね。まだ暗かったのを覚えています。たぶん、朝四時か四時半だったと思います。

この音でもう一度目を覚ましたとき、何が起きているのだろうと思って、スマートフォンを見てみました。私は自分の目が信じられませんでした。さまざまな町や軍事基地や石油精製施設が同時に砲撃され、国中が攻撃されているという記事を読みました。寝ている両親を起こして何がはじまったのか話さなくてはと思いました。でも、そうしたら両親の心地よい夢は終わってしまうんだと思って、私は迷いました。私は軍事専門家ではないので正確にはわかりませんが、最初の砲弾は戦争初日にハルキウに着弾し、戦争二日目には私たちはもう防空壕に向かうことになりました。

――そんなことになるとはまったく予測していなかったのですね。

予測するのは不可能ですし、しかも事態はとても急に進展したんです。正午ころ、ロシアの戦車が市の境界に向かって侵攻しているという記事を読んだのを覚えています。彼らはすでにハルキウへの侵入を試みていました。この気持ちは説明できません。

砲撃された町の姿

うつくしき
空より飛来
ロケット我らに

——この俳句も戦争開始直後に詠んだのですか？

この俳句は、防空壕から戻ってきたあと、六月に書いたものです。私は空を眺めて、さまざまな形をした雲を見るのが好きでした。そうやって空や雲を眺めながら、私は、この美しい空が人びとを毎日殺している砲撃をもたらしているのだと気がついたのです。残念ながら、この美しいものが死と手を取りあって歩んでいるのだと。

――いまもよく空を見ますか？

もちろん、空を見ます。地上で何が起きても、空は昔のままなので、平和な生活を送っていた頃を思い出させてくれます。

――空にミサイルが飛ぶのを見ましたか？

幸いにも、空にミサイルが飛ぶのは見ていません。どうしてかというと、砲撃が特に激しかったのは、私が防空壕の中にいたときだったからです。実は、音は聞こえていたのです。どっちのほうへ飛んでいったかは、その音でわかりました。

私が空にミサイルがあるのを見たのは一度だけです。小さなオレンジの火が見えて、それが消えて、そして小さな白い雲が見えました。それがなんだったのか、すぐにはわかりませんでした。遠目から見ると、東洋の提灯《ちょうちん》にそっくりです。まるでオレンジの火を空に放ったように見えました。

砲撃後 看板なしで 通り分からず

——いま、あなたは自由に市内を歩くことができますか？

最初に言っておきますと、私は市内に出かけるような危険を冒していません。ハルキウはかなり大きい街です。ハルキウの面積は約三百五十平方キロメートルです。その上空を飛んでくる敵の火砲やミサイルが落下してくる危険性は当然ながらあります。

私は戦争がはじまって、町の中心部には二回しか行っていませんが、その景色を見るのはとてもつらかったです。私の記憶の中には、戦争前のハルキウの通りや建物、噴水や公園などの生き生きとした思い出がまだあります。このすべてが破壊されているのを見たとき……本当に、信じがたかったです。私は目をそらして呼吸を整えようとしました。それから再び破壊されたもののほうを振り返りました。ですが、それでも信じられませんでした。

その後、町がどう変わってしまったかを伝えるニュースで写真を見たときにこの俳句を詠みました。私は、これらの写真を見ても、どの通りが写っているのかわからなかったのです。看板もなければ目印になる建物もなく、ただの廃墟となっていました。この廃墟はどこも同じで区別がつきません。

町は、いくつかの地区で自分の顔を失ってしまいました。親しい人に会っても誰なのかわからなくなるときがありますが、ハルキウの町にも同じことが起きています。

――あなたが二十年以上歩いた通りなのに……。

ハルキウにはたくさん通りがありますが、私はかなりくわしいです。私は自分の町が好きです。だから、この破壊された光景を見るのはとてもつらいです。

――いまはどうですか？

いまはどうやら、ロシアはミサイルを節約しているようで、戦争の最初の一か月ほどの大量の攻撃はありません。でも、ロシアはいま、住宅や学校を狙って砲撃しています。この一か月で、たぶん五十か所ほどの学校が破壊されました。

――目の前で町の景色が日々変わっていくのですね。

こんなパラドックスがあります。私は写真が好きで、できるだけ絵葉書に大量に印刷されるような名所ではないところの風景ばかり選んで撮影してきました。でもいま、私は人気のある名所を撮影しておかなかったことをとても後悔しているんです。そのうちの一部は、残念ながら失われてしまいましたから。これは、近しい誰かに死が迫っているのにその人の写真をほとんど持っていないことを後悔しはじめるのに似ています……。

ミサイルの破片を手にして

掌に
ミサイルかけら
痛い

——これはいつ詠んだ句ですか？

私たちが防空壕から自宅に戻ってきたときにその場所に行きました。

私は、戦争がはじまってすぐに、自宅の比較的近くにミサイルが落ちたことを知っていました。もちろん、すでにミサイルは爆発物を処理する作業員が撤収していました。ですが、その破片はまだ地面の上に残っていました。

私はずっと、これに触ってみたいと思っていました。自分の目で、これほどの悲しみと苦しみをもたらす金属の欠片がどんな形をしているのか、見てみたかったのです。私は、このさびた破片を掌の上に集めて、それを見ました。なんと小さな破片が人間の命を奪うことができるのだろうと、人間の命とはなんと壊れやすいものなのだろうと、信じられない思いでそれを見ました。同時に、この破片の鋭い縁が掌に食い込んで、その痛みとともに、ミサイルが毎日私たちの土地に飛んできて、数十人の人たちの命を奪っていくのだという意識が浮かび、気持ちの上でもつらくなりました。

――その破片をまだ持っていますか？

はい、記念にいくつかの破片を自宅に持ち帰りました。

――俳句を詠むとき、自然と言葉が出てきますか？　それとも目的をもって言葉を選びますか？

私は、俳句とは瞬間を描写するための素晴らしい手段だと考えています。これは言葉を使った写真です。ですので、素早く詠むように努力しています。瞬間を、シャッターボタンを押すように記録しなければなりません。

ですが……例えば、寝る前に、その日一日でどんな感情を抱いたか思い出していると、不意にイメージがわいてきて、それを俳句にこめることもあります。それからときどき、一行目と三行目を入れ替えることもあります。自分の考えをどのように伝えるかという観点からです。一行目と三行目はいずれも五音節になりますから。俳句を詠むときには指で音節を数えることが多いです。


――俳句を詠むことは、あなたの役に立っていますか？

私は、人間は、感情が溢れるとき――いい感情でも悪い感情でも構いませんが――、それをどうにかして表現しようとするようにできているのだと思います。音楽を作曲する人もいれば、絵を描く人もいれば、俳句を詠む人もいます。俳句は自分のためにもほかの人たちのためにも、感情を注ぎ込みつつ記録するとても素晴らしい表現方法だと思います。


――詩を書くのと俳句を詠むのとでは違いがありますか？

私の頭の中には、何かの感情を書き留めたいけれど、それを詩にするべきか俳句にするべきか問う、そういう切り替えスイッチはありません。私にとって、詩と俳句は雰囲気や気分がとても異なるものなのです。ですので、ほとばしる思いやフラッシュのような一瞬のものがあって、書き留めて言葉で残しておかなければならないというのであれば、それは絶対に俳句になります。もしなんらかの考察やイメージを書きたければ、古典的な詩を書きます。自然とそうなります。

――いまも俳句を詠んでいますか？

はい、もちろん詠みつづけています。

ハルキウからポルタヴァへ

ロシアの侵攻から半年、ロシア軍は攻勢を強め、ブラジスラワさんの住むハルキウでは爆撃が激化し、彼女は両親とともに町を離れ避難した。二〇二二年九月、親戚の家に身を寄せたブラジスラワさんと再びつながった。

――道中いかがでしたか、順調でしたか？

大丈夫でした。

――あなたがいる町の名前は？

私はいま、ポルタヴァ市にいます。ここの人口はおよそ三十万人ほどです。

――何時間の移動でしたか？

私の町から二時間です。

――ハルキウからどちらの方向ですか？

西です。軍事活動の中心は南部と東部なので、戦争から百五十キロほど離れたところにいます。

ここのほうが穏やかです。もちろん空襲警報がありますし、サイレンが鳴ることもありますが、比較的穏やかな町です。

――ご両親と一緒ですね？

はい、両親も一緒です。ここには母方の親戚が住んでいます。戦争がはじまってすぐ、ハルキウを去るようにと、私たちをこちらに呼んでくれたんです。ですが、状況が良くなることを願ってハルキウに残ったまま、秋になりました。

私は十月にＩＴ専門学校を卒業するので、仕事を探さなければなりません。でも、残念ながらハルキウのオフィスはほとんど全部閉まっているので、いまハルキウで自分のやりたい仕事を見つけることはできません。

――最近、ハルキウを去る人は多いですか？

最初に去った人たちが戻った五月以降は、状況は半々です。つまり、町から出ていく人と戻ってくる人の数は同じくらいです。子どもたちが学校に行く必要があるので戻ってきた人もいれば、外国で仕事を見つけられなかった人もいました。

――今年の夏はどうでしたか？

ウクライナでは、夏はなかったと言われています。というのも、今年の夏は、川に出かけたり、ピクニックに行ったり、町を散策したりといったおなじみの夏のイベントがなく終わったからです。残念ながら、今年はそういったことは何もなかったので、夏を感じることができたのは、辺りが緑なことや、お店に並ぶ果物を見たことくらいです。

私は、自分の地区から出ることなく夏を過ごしました。どこへも行かず、主に自宅でオンラインで授業を受けていました。夏はなんだか、気づかないうちに過ぎ去りました。

避難に葛藤する心

――ハルキウでは最近、深刻な爆撃がありましたね？

はい、攻撃は本当に激しくなりました。八月二十四日、ウクライナは独立記念日を祝いました。ロシア側からの攻撃が警告されていましたが、実際にそうなりました。

この日、私の町ハルキウは、終日外出禁止令が出され、町も閉鎖されました。つまり、自宅から出ることが禁止されたのです。この日は空襲警報の回数が最大になり、一日で十三回もサイレンが鳴りました。日中も夜間も砲撃がありました。

私たちが、一刻も早く出ていく必要があると感じたのは、八月三日、朝四時に、自宅の道路を挟んですぐ向かいにある工場にミサイルが飛んできたときです。私はこのとき、とても強力な爆発で目を覚ましました。窓の外を見ると、三階建ての建物よりも高い火柱が見えました。すぐに鎮火しましたが、いずれにしても工場の上部の破壊はひどい有様でした。この爆発で、自宅は大きく揺れ、玄関のドアは少し歪んでしまいました。

まさにこのときから、私たちの地区への砲撃の回数ははるかに多くなりました。私たちは半年間耐えてきましたが、ハルキウを出ざるをえなくなりました。

——避難は、あなたが決めましたか？　それとも両親ですか？

全員で決めたことでしたが、最初に私が両親に引っ越しを勧めました。母は最後まで町を出ていく決断ができませんでした。母は前向きな人で、いずれ状況は落ち着くだろうと思っていたのでした。また、ハルキウから逃げたら、それは明らかに長期になりますし、おそらく戦争が終わるまでになります。つまり、一年か、もっと長くなるかもしれません。

——避難すると決めたときに、一番大変だったことはなんでしたか？

単純に、一番つらかったのは荷造りでした。荷造りをするときは、ここに戻ってこられるのか、置いていくものはどうなるのか、など、どうなるかわからないことだらけの中で、持っていくものと置いていくものを決めなくてはならずとても大変です。

例えば、私たちは曾祖母の古いイコンを持ってきました。お金を出せば新しいものを買うことはできますが、同じものは決して買うことはできないとわかっているからです。

精神的に一番つらかったのは、自分の友人や知り合いに、町を出ていくと知らせることでした。特にハルキウに残る人たちにです。彼らにとっても、仲間が出ていくというのは簡単に受け止められることではなく、とても落胆していました。私自身、春と夏にハルキウから知り合いが出て行ったとき、とてもつらく感じたのを覚えています。その人は出ていくのに、自分はそこに残るからです。

――たまには戻ることができますか？

ハルキウまでは百五十キロなので、行くことはできます。ですが、春までは戻らないつもりで引っ越しました。でも、もしかしたら、友達に会いに行ったりすることがあるかもしれません。

――授業はいまもオンラインですか？

戦争がはじまったときからオンラインです。十月半ばに卒業して、その先は集中的に仕事探しがはじまります。これもどうなるのかわかりません。就職口は、どこでもあったりなかったりですから。良くなることを願っています。

――どんな仕事を探していますか？

私はフロントエンドエンジニアの仕事を探しています。つまり、ウェブサイトのプログラミングです。

――いまは、そのような仕事を見つけるのは難しいですか？

いま仕事が簡単に見つかるのは、サービス業と単純労働だと思います。私の希望するような仕事は、いまは国内西部にしかありません。いくつかは残っていますが、経験のある人しか求めていません。新人には少し難しい状況です。

――いまから集中的に仕事を探さなければならないのですね。

これについて考えるのは少し早いです。目の前には丸一か月の授業がありますし、その一か月の間に状況が変わるかもしれません。ですので、十月初旬にどうなっているのか、様子を見ます。

主待つ廃屋に無傷のカップ

――この句はどんな状況で詠みましたか?

ニュースで見た光景を詠みました。ミサイルが落ちた住宅の廃墟に、壊れていないカップがあるのを見たのです。そのカップはとてもはっきりと目に飛び込んできました。壁のレンガは崩れて、周囲はすべて破壊され、あらゆる家財がひっくり返っているのに、カップだけは壊れずに置かれたままだったのです。このような状況でカップが無事だったのは奇跡です。

人は誰にも、そのために戻るもの、自分を待っていてくれるものが必要です。この場合、無事に主を待っていることができたものはこのカップだけです。

――あなたの町の出来事ですか？

そうです。ハルキウの自宅から数キロ先です。

風揺らす
破れたカーテン
蝶の飛行

――この俳句は？

引き裂かれたカーテン――私が実際に見たものを詠みました。七月初旬、爆撃で破壊された学校に行きました。ほとんどの窓にはガラスも窓枠もなく、空っぽの穴があるだけでした。風が吹いて、私は無事だった窓の向こうに、カーテンが揺れるのを見ました。カーテンは風に広がり、本当に蝶が飛んでいるように見えたのでした。「蝶の飛行」は美しい響きがしますが、残念ながら実際は、これはただのカーテンです。

――本当に蝶が飛んできたのかと思いました。

私は俳句で、何かが何かに似ているという、連想の手法を用いるのが好きなんです。

校舎崩壊　避難図は　無事の奇跡

――これはどう理解すればいいでしょうか？

壊れた校舎に入って廊下を歩きました。すべて破壊され、机はひっくり返り、ドアは床に倒れ、レンガが割れていました。そこで、壁に避難経路図が貼ってあるのを見たんです。パラドックスです。避難経路図は無事だったのに、壊れていないドアは一つもなく、壊れていない窓も一つもなく、屋根も壊れていました。この状況にとても心を動かされ、俳句に詠まずにはいられませんでした。

――避難経路図はどこにでもあるものですか？

はい。学校だけでなく、例えば銀行などの施設にもあります。

――あなたにはおなじみの表示なのですね。

日本にもあるでしょう。私はいつも、日本の人にも理解できるような俳句を詠もうとしてきました。例えば、植物のことを詠むとしたら、日本にその植物があるかどうか、インターネットで調べます。日本の人になじみのないものは、できるだけわかるように書くようにしています。

暗闇で四十秒を数える

終わりなき夜
幾たびの
爆音での目覚め

これはあるがままの事実です。ハルキウでは毎晩砲撃がありました。この句の「爆音」はミサイルによるもので、大規模な破壊をもたらします。このようなミサイルが地上に落ちると、地面には三~五メートルの深さの穴ができます。これが住宅に落下したらどんなことになるか、想像するのは難しくありません。この夏、私は防空壕ではなくハルキウの自宅で過ごしました。この夏は毎晩、爆音とサイレンの中で過ぎていきました。私は毎晩、目を覚ましていました。熟睡できたのは一晩か二晩しかありませんでした。

私の町は、ロシアとの国境から四十キロほど離れたところにあるので、地理的に運が悪かったのです。そしてこの町が運の悪かったもう一つの理由は、国境付近からのミサイルはわずかおよそ四十秒で届き、防空システムが作動してこのミサイルを撃ち落とすには時間が足りないことです。つまり……私たちはみんな黙って、私たちの町が破壊されていく様子を見ていましたし、これはいまも続いています。

ポルタヴァに来て三日が経ちますが、私はハルキウについてのニュースを読むのを止められません。今晩もまた二発のミサイルが飛んでくる砲撃があったみたいで、つまり状況は改善していません。このままでは戦争が終わるころにハルキウに何が残るのか、想像できません。

――いま、ハルキウでは、状況はますます困難になっているのですね？

ウクライナ軍は、特に南方の前線で成功を収めています。ロシア軍が南方で負けていると、彼らは東部の平和な町に砲撃して憎しみをぶつけるのです。

――いまは眠れていますか？

こちらに来て最初の晩は、赤ん坊のように眠りました。初めて、私は本当に熟睡したと感じながら朝に目を覚ましました。ハルキウでは、夜中十二時にサイレンが鳴り、二時にもサイレンが鳴り、朝方の四時にもサイレンが鳴ります。サイレンだけが鳴るときもあれば、爆発があった後にサイレンが鳴ることもあります。

――あなたのご両親も眠れなかったでしょうね。

工場の向かいに住んでいたので、サイレンは私の家の目の前で鳴り、どんなにそうしたくなくても、この音のせいで目が覚めてしまいます。私たちは落ち着いて眠ることを夢見ていました。

星の光。
街の灯《ひ》
空に去ったよう

――美しい句ですね。

ありがとうございます。戦争前、街の上の空には、星は十個くらいしか見えませんでした。ですが、戦争がはじまった最初の晩、灯火管制で街の灯りが消えたとき、窓に近寄ると、信じられないほどの数の星が見えました。私は、自分の部屋の窓からこれほどたくさんの星を見たことは一度もありませんでした。私には本当に、戦争前に街できらめいていたすべての明かりが空に昇り、これまで見えなかった星に変わったように思われたのでした。

――眠れないとき、空を見ますか?

窓の外を見ることもありますが、インターネットでニュースを読みはじめることもありました。警報が鳴ると、例えば、町の北部に住んでいる人たちがチャットに書き込みをするんです。彼らは、ミサイルの発射の瞬間を見ることができるのです。ミサイルが地平線から光を放って発射され、この火が空に昇る瞬間をです。でも実質的に何もできない、そんな瞬間です。

「二枚の壁のルール」というものがあります。家の中に、隠れるための壁が最低でも二枚なければなりません。普通は浴室か廊下です。ですが、残念ながら、私の家ではこのルールを守ることはできません。私の家には二枚の壁のある場所がないので、窓から少し離れたところに座って四十秒前後を数えるしかありません。その後、爆発音がします。そしてまたチャットで何かさらに発射されたかチェックします。何も発射されていなければ、さらに五分、十分と、座ったままでいます。十五分経って何もなければ、ベッドに戻っていいのです。

満月の
暢気に破る
灯火管制

戦争開始の最初の日から、ハルキウでは灯火管制が敷かれ、街灯は消え、人家の窓にも明かりがありませんでした。外から見えないように、電灯を点けるのは禁止されています。窓の内側から毛布をかけたり、何かで覆ったりしている人もいます。

夜遅くのことでした。私は突然、窓の外が異様に明るいことに気づいたのです。私は暗い中にいることにすでに慣れていたので、この明かりはすぐに目に飛び込んできました。しばらくして、ただの満月だということがわかりました。以前の私は、満月がどれほど明るく辺りを照らすか、わかっていませんでした。

――「暢気に破る」というのは面白い表現ですね。

満月は、暢気に、軽薄に、空に漂っていました。

誰も、満月に、こうしてはいけないと言わなかったのです（笑）。

爆破の波

爆破の衝撃波、公園の兵士

壁の富士山傾く

——ハルキウの自宅の壁に富士山の絵がかかっていたのですか？

残念ながら、壁にかかっていた私の富士山はハルキウに置いてきてしまいました。私はこの句を、家の向かいの工場にミサイルが飛んできた日に詠みました。このとき、天井から少し漆喰がこぼれてきたのを覚えています。

それから、私と両親は座って話をしました。そのときに、誰かが、絵が傾いているのに気がついたのです。部屋の壁には富士山と桜を描いた絵がかかっています。かなり大きな絵で、両親が私にプレゼントしてくれたものです。家が爆発で振動したので、この絵は傾いたのでした。

壁にかかった富士山は、これは山という、揺るぎなく立っているものです。ですがここでは「爆破の波」があり、山さえ動かしてしまいました。

——ご両親は富士山の絵をウクライナで購入したのですか？

そうです。町の中心部の公園で絵画の展示会があったんです。画家が自分の絵を展示していて、欲しい人は購入できます。

八年前のことでした。私たちは散歩していて、この絵を見つけました。とても気に入ったので、私は両親に買ってほしいと頼みました。ちょうど、私が日本に興味を持つようになった頃で、たまらなく欲しくなったのです。

——ウクライナの画家が描いたのですか?

そうです、私の町、ハルキウの画家です。

花壇に雑草
去りし人の名
思い出す

戦争前、私の住んでいた地区はとても美しかったです。住宅のある街区には、住宅の前にさまざまな花の花壇や低木の植え込みがありました。この夏、住民がとても少なくなると通りの外観がどれほど大きく変わるのか、よくわかりました。人びとが出ていった住宅や中庭の花壇には雑草が生い茂っているのです。

公園に兵士
幾度も触れる
空の袖

――この句はとても印象的ですね。

戦争は多くの影響を及ぼしました。ただ、街中を歩いていると、戦争が起きていることを忘れられるときがあります。ですがそんなときでも、顔に傷跡があったり、腕や足、指がなかったり、義足をつけている人と出会うことがあります。

この前も、公園のベンチに兵士が座っていて、何度も何度も自分の袖を触っているのを見ました。まるで腕がないことがまだ信じられないかのように触っていました。私はその光景を詠まずにはいられませんでした。

――若い人ですか？

はい。二十～二十五歳くらいでした。

――彼は一人で座っていたのですか？

はい、一人で座っていました。彼は、子どもたちやカップルが散歩している様子や、花の咲いた花壇など、平時に見られたあらゆるものを見ようとしていました。彼にとっての戦争が夢ではなく、本当に、現実にあったことだということを納得しようとしているように見えました。

――日本では毎日ウクライナの戦争のことが報道されていて、負傷兵の映像を何度も見ました。でもあなたの俳句を読むと、負傷兵がどう感じているか伝わってきます。

私の俳句が、報道やドキュメンタリーだけでは伝わらないことを伝えるのに役に立っているなら、うれしく思います。この俳句はその課題を果たしたのですね。

――あなたの知り合いでも前線に行った人はいますか？

私の従兄弟が三月から戦争に行っています。その中には私の母が名付け親となった人もいました。そのほか、知り合い三人が戦争に行っています。

例えばＳＮＳを開くと、私が投稿した写真に彼らからの「いいね」がついていることがあります。私はこれですごく安心します。生きているんだ、つまり無事なんだ、と。いま、「いいね」は、以前とは違う意味を持つようになりました。

――彼らは自分の意志で行ったのですか？

私の従兄弟は志願して行きました。

――前線には女性もいますか？

女性も従軍したければできます。

私の知り合いの女性が一人、戦争がはじまってすぐに訓練を受けました。私は、彼女が射撃の練習をしている写真を見ました。彼女も同じく戦争に行きました。

炎暑！影とともに花売り動く

――この句は少し違う感じですね。

戦争がはじまってから、私は、戦争前の生活を思い出させる俳句――「爆発」や「ミサイル」といった単語のない俳句――をあまり詠んでいませんでした。これはハルキウで、母と一緒に食料を買いに市場に行ったときに詠みました。花売りは影のあるところに座っていました。私たちが市場から帰るときには影は少し移動していて、花売りも灼熱の太陽の下にならないように、影と一緒に移動していました。

私がこの俳句で伝えたかったことは、ハルキウは毎日砲撃されているにもかかわらず、花を売っているということです。誰かがこの花を買っているということですし、この砲撃下でさえ、人は、自分のためか、自分の好きな人のために、美しいものを欲しがっているということです。

――この夏は暑かったですか？

特別この夏が暑かったとは言えません。基本的にハルキウの夏の気温は三十～三十五度くらいです。日本では夏はじめじめしているそうですが、私たちのところは反対にからっとしています。

私たちのところはもう秋になりました。ちょうど九月一日から、カレンダーの通りに、ここでは夜はもう気温は十度で、昼間はだいたい十五度です。

――セーターを着ているので、もう寒いのだと思いました。

もう暑くはありません。薄手の上着を着て外を歩く季節になりました。

重苦しい静寂の覆う街で

アナスターシャ・クブコさん
キーウ在住。
循環器の専門医として働き、後に医学雑誌の編集者となる。
現在は図書館で学術研究員として働く。

――あなたはご専門が科学関係ですが、どうやって俳句と出会ったのですか？

経緯はちょっと変わっているかもしれません。こんなふうに俳句に行きついた人はあまりいないのではないかと思います。私はソ連時代に生まれて、ソ連で育った世代です。当時、私たちは、日本という国についてくわしく知りませんでした。

その後、ペレストロイカ[*1]がやってきました。ペレストロイカとともに大量の情報が入ってきて、日本という国にはハイテクやさまざまな映画、アニメがあることを知りました。特にアニメは、アメリカが作っているものよりもはるかに面白かったです。アメリカといえばスター・ウォーズ、でも日本はもっと面白いテーマでたくさんのアニメを製作していました。アニメを通じて日本への興味がわいて、いろんな作品を見るようになりました。当時、私の将来の夢は大作家になることだったのです。ファンタジー作品を書いていたんですよ。

私の作品の登場人物は、我ながらとても独創的だったと思います。登場人物の一人は日本人で、彼らは暗号化したメッセージでやり取りするのです。暗号は、単に日本語をベースにしているのではありません。日本の詩歌をベースにしているのです。というのも、私はこの当時とてもたくさんの日本文学や文献を読んでいて、短歌には暗号化されたメッセージがこめられている作品もあって、花や天気などについて書かれているものの、実は別のメッセージが含まれている場合もあると知っていたからです。それで、短歌を習得――と言っても、翻訳をベースにしてですよ――したいと思ったのです。

でも、ほかのたくさんの文学を読まなければならなくなり、結局、私は短歌を習得することはできませんでした。

病院に勤務するようになってからは、書くどころか、何かほかのことをすることさえできませんでした。

――面白いですね。それから俳句とどのようにして……。

病院を退職してから、私は書道を習いはじめました。その書道の先生が、「俳句クラブをやってみたい人はいませんか？」と呼びかけたのです。私はもちろん俳句のことを知っていました。書くことは大好きで自信もあったので、よしやってみよう、と決めたのです。

俳句クラブはとても素晴らしく、私たちは文献を読んで俳句を研究したり、句会を開催したりするようになりました。批評をしながらすぐれた作品を選び、どこが素晴らしいのか分析し、どうやってできているのかなど技術的に俳句を研究するのです。クラブのレベルはどんどん高まって、とうとう私たちのクラブは日本の俳句大会に出場するほどになったのです。いまでも、少しずつですが作品を生み出しています。俳句との出会いはこのような感じです。

避難すべきか、留まるべきか

犬の沈黙
朝に煙の
低くあり

――この句はいつ、どんな状況で詠みましたか?

戦争がはじまってすぐの早春でした。キーウでは、出ていくことのできた人たちはみんな出ていきました。

「朝に煙」ですが、この時期は毎日砲撃がありました。煙は、いまのウクライナにとっては季語のようなものです。
犬でさえ沈黙していました。普段は朝起きると、家の近くは犬と散歩をする人たちが行き交います。でも、もう犬の鳴き声すら聞こえなくなった、キーウを覆う重苦しい静寂について詠んでいます。

——当時、あなたもどこか別の町へ退避することを考えましたか？

私たちは最初、キーウに残ろうと思っていました。でも、その後、友人たちが「町は制圧されるかもしれないし、ウクライナ軍が町を防御するのを邪魔しないほうがいい、民間人が多ければ多いほど、軍人は防御をするのは難しくなるのだから」と警告しました。そして、「退避したほうがいい、ウクライナ西部で受け入れるから」と提案されました。ポーランド人の友人たちからも同じような提案がありました。私たちは出て行こうとしましたが、そのときにはもう遅すぎたのです。
そして私たちはここに残ることに決めたのでした。たとえ何があってもです。いざとなれば、私は前線に行って支援します。ほかにできることがなければ、私はバリケードに立つでしょう。私たちは軍人に食事を配り、検問所に食事を持って行きました。できることをして手伝いました。

——非常に難しい決断を迫られたのですね。

私たちは出ていくべきか否か、長いこと考えました。脱出を試みはじめたのは、確か三月六日か七日のことでした。当初、出ていくという考えを抱かなかったのは、たとえここで何が起きたとしても、ウクライナはとにかく勝利すると信じていたからです。それに、自分の町を捨てるというのは、なんとなく、とてもみっともないことのように思えたのです。いまは、私たち民間人は軍の邪魔になっているということを理解しています。

——どういうことですか?

軍はどの建物も占拠できて、どの建物からも迎撃することができます。カーテンの向こうに、学校や保育園に通う子どもや病院に入院している民間人がいては、まともに防御することはできません。民間人が町から退避すれば、町を要塞に変えることができます。市街戦を展開することもできます。

もう半年以上が過ぎましたし、私たちは、民間人は実際のところ軍の邪魔をしているということを理解しています。民間人は町から退避しなければなりませんし、民間人が支援しないのであれば、彼らは邪魔になるだけです。

前線に捧げる句

煙満つ
楡《にれ》のこずえの
ほの赤く

この俳句も早春に詠んだものです。この頃、ブチャやイルピン近郊で戦闘がありました。戦闘はとても激しくて、その音が私の地区にも聞こえてきましたし、空はいつも煙っていました。

作品中では、火災の煙と楡の花が赤くなるというのが並列になっています。楡はつぼみを膨らませ、とても赤くて小さな花を咲かせます。楡が花を咲かせはじめるのは早春です。炎のイメージと煙のイメージ、この句は、ブチャとイルピンに捧げたものです。

——炎とこずえの赤い色が重なって見えたということですか？

　楡が炎で燃えているようなイメージがあり、その後、空へと昇る煙のイメージがあります。

——戦争が行われているにもかかわらず、自然は生きているという意味かと思いました。

　そう理解することもできますね。ですが、私がこれを詠んだときは、特に激しい戦闘が行われていました。すべてが燃えました。

——キーウがこんな状況だった中、あなたはどのように過ごしていたのですか？

　ただ、お互いに支えあっていました。私は市の中心部に住んでいるので、自分の親族、姉妹と彼女の家族を自宅に連れてきました。私たちの地区のほうが、よりしっかりと防御されているからです。姉妹の家族はキーウの郊外に住んでいるのですが、戦争がはじまってすぐ、自宅から一区画しか離れていないところにミサイルが落ちました。私は彼らを自宅に連れてきて、「ロシア軍はヴィシゴロドへ向かっている。彼らがそこを突破したら、あなたたちのところに来るのは時間の問題だよ。私たちの家は中心部に近いし、防御されているからこちらに退避したほうがいい」と言いました。
　こうして一緒に暮らすようになったのです。空爆があれば浴室に駆け込みました。私たちの住宅は古いので、もし何かが落ちてきたら住宅全体が倒れていたでしょう。壁に守られていること、もう一方では通信手段があるということ、私たちにあるのはそれだけでした。

――この大変な時期はどれくらい続きましたか？

　四月までです。三月初旬、私たちは、爆撃に遭遇しました。キーウのほぼ中心部に住んでいるにもかかわらずです。食料を買いに商店へ行くと、とんでもなく長蛇の列ができていました。何かを買うためには四時間か五時間も並ばなければなりませんでした。商店の食品倉庫が破壊されていたからです。近くの「ノーヴス」というスーパーマーケットは最初に砲撃に遭いました。それでも、私たちは食料を買いに行くしかありませんでした。何か食べなければなりませんから。
　四月以降、少しずつ状況が好転してきて、五月にはなんとか日常生活が送れるようになっていました。でも、今朝も砲撃のサイレンが鳴りました。防空警報で目が覚めたんです。

俳句に強い願いをこめて

検問所の整列
　雷の前
　　空の明るさ

――これはどんな状況ですか。

これは、自由に外出できるようになった頃の句です。検問所が見えました。そしてやっと明るくなった空を見ました。二月と三月上旬は毎日、空は曇っていました。ですが、やっと太陽が顔を出しました。そこにはウクライナの軍人が立っていて、全員が武装し、迎撃の準備をしているのが見えました。これはいいことです。検問所の準備万端の自国軍を目にすると、ある種の希望が生まれるからです。対戦車障害物を設置した検問所。その上に太陽が明るく輝いていて、私は「勝利は私たちのものだ」と実感しました。

――このときはもう市内を歩くことができるようになっていたのですか？

地区内の、近い所だけに出かけていました。

雷は、迫りくる夏のシンボルです。この年の最初の春の雷は五月だったか、もしかすると四月末だったかもしれません。キーウでは、夏は雷とともに到来します。空までが私たちの味方のように思われました。

――では、戦争がもうすぐ終わると思っていたのですね？

はい、私たちはキーウからロシア軍を追い出すし、彼らが侵攻は無駄だと理解して撤退することを願っていました。ですが、残念ながら戦争は続いています。

春の雷
前線遠く
遠くなり

これは遠ざかっていく砲撃と雷についての句です。前線が後退しました。雷鳴はまた、私たちが受けた爆撃のシンボルでもあります。

実はこの句は、本当は別のことについて詠んだものなのです。というのも、この句で、私はロシア軍を後退させようとしたのです。この句は、キーウ郊外からロシア軍の撤退がはじまる少し前に詠んだものです。ウクライナ軍がブチャとイルピンで戦闘を行い、私たちの軍が勝利するかもしれないということがすでにわかっていました。

私は言葉の力を信じていますし、神秘的な神の力を信じています。私は全力でこの勝利を引き寄せようとしました。

これは、ロシア軍が退却をはじめる二日ほど前に詠んだものです。私は、この勝利には神秘的な部分があると思います。

——その後、前線はますます後退していますか？

砲声が後退し、銃撃の音も後退しました。より静かになり、すべてを洗い流してくれるという希望がありました。

遠い停車場
　風に吹かれし
　　タンポポが

この句は、いま占領下にある州のすべてのことを詠んでいます。毎年夏の休暇になると、私たちは南部の州やクリミアへ行っていました。そのクリミアは二〇一四年にロシアに奪われました〔二二二ページ参照〕。

それからというもの、私は友人たちとアゾフ海沿岸、それからいま占領下にある黒海沿岸を旅行するようになりました。そこで、私たちは、かつてクリミアへ行く鉄道が発着していたいくつものプラットホームを見ました。駅や線路はありますが、利用者はまったくいません。プラットホームには雑草やタンポポが生えていました。これらが風に揺れています。雑草は、誰に頼ったらいいのか、何をすべきなのかを知りません。雑草は、占領下に取り残されたウクライナ人と重なります。

彼らは何にも頼ることができませんし、風に散り散りに運ばれていきます。去っていく人もいれば、連れていかれる人もいます。ただ、タンポポと同じように風の吹くほうへその種が飛んでいくだけです。

――占領された都市に知り合いや友人はいますか?

はい、います。

――その人たちと自由に話すことはできますか?

注意して会話することはできます。あちらでは、インターネットもロシアの管理下にあるのです。メッセンジャーなどのアプリケーションを含め、何から何まで監視下に置かれています。つまり、かなり危険なのですが、友人は言っていいことと言ってはいけないことを理解していますし、注意深くやり取りしている状況です。

――いま、彼らはどんな生活をしているのでしょうか?

とても大変な暮らしをしています。彼らは恐怖の中で生活しています。まともな医療が利用できませんし、まともな食品を手に入れることもできないので、窮乏の中で暮らしています。クレジットカードが使えないので、こちらから送金してサポートすることができません。ロシアには領土が必要なのであって、そこで暮らす人たちは必要ないのです。武装した人たちが街中を歩いていて、地元住民を脅かしています。

また、テロ行為も続いているため、誰もがいきなり拘束される可能性があります。どこかへ連れていかれて、以後、その人を見た人は誰もいない、ということに容易になりえます。民間人は本当に苦しんでいます。

——食料もないのですか？

地元の食料だけです。みんな何かしら栽培しているので、畑で穫れる食べ物はあります。牛乳や食品は、地元の農家が分けてくれるもの、あるいは、ロシアから運ばれてきたものがあります。品質がウクライナのものよりとても悪いので、みんな不平を言っています。肉やその他の物資も同じようになっています。

——あちらからは脱出できますか？

脱出することはできません。脱出を試みた人もいましたが、タイミングを逸したのです。ウクライナ政府による公の避難に間に合わなかったために、避難するのに大金を費やした人もいました。
私は友人に、もっとずっと早く避難する必要があると言ったのですが、みんなタイミングを逃してしまいました。その後、避難用の車両が砲撃を受け出発できなくなりました。脱出を試みれば捕まるかもしれませんし、検問所までたどり着けるかどうかもわかりません。お婆さんが孫と一緒にボートに乗って川を渡ろうとしたのですが、銃撃を受け、のちに転覆したボートの底から二人が発見されたという事件もありました。

――つらいですね。

友人はいま、危険を冒してまでこちらにやってこようとしません。以前は、ヘルソンから脱出する秘密のルートがあったのですが、いまは監視が厳しくなってクリミア方面にしか退避できません。
でも、最近では、クリミア方面への脱出さえ、できなくなっているようです。

――どこへも行けないのですか？

私が聞いた話から理解する限りは、そうです。あちらは大変です。

長い停滞 ドンバスに 雷落ちる

――「長い停滞」というのはどう理解すればいいですか？

雷はいつも一定の雷鳴の遅れを伴います。遠くにいればいるほど、その遅れも大きくなります。同じことが東部のドンバスでも起きました。これまでに八年間、軍事活動を行い、領土を取り戻そうとしてきました〔四〇ページ参照〕。この夏に私たちの反転攻勢がはじまりました。この句は反攻がはじまったばかりのときに詠みました。うれしい出来事です。私たちは領土を取り戻しはじめたのです。

ウクライナの多くの兵器には「グロム〔雷〕」など名前がついています。ですので、雷がどこかへ落ちるというイメージは、重火器を含む複合的なものになります。雷と今年の春に発生した爆発の連想があります。

平和な光景、日本への憧れ

太陽と鬼ごっこ
バックギャモン
指し手の日焼け

キーウでの光景を詠んだ句です。特に市の中心部にあるシェフチェンコ公園という大きな公園には、春のはじまりとともにバックギャモン［二人でプレーするボードゲーム］をするおじいさんたちがやってきます。

彼らは春の訪れを感じるとすぐ、ここにやってきます。まだ木々の葉もないうちから、太陽の光に目を細めて、一日中ゲームをします。苛烈な戦いをしているので、その間に彼らは真っ黒に日に焼けるのです。これが生粋のキーウっ子のイメージです。他の町の古い中庭にもまったく同じようなプレーヤーがいると思います。あちこちで同じく、この伝統が残っているはずです。

――平和な光景ですね。

いまでも――戦争中であるにもかかわらず、彼らはとにかくいます。公園がオープンした瞬間に、ある人はドミノ、ある人はバックギャモンを持ってきて対戦しています。彼らは新型コロナウイルスを生き延び、戦争を生き延びています。私たち全員が生き延びるんです！　平和なときは、必ず戻ってきますから。

彼らは太陽に目を細めて、ときどき目をつぶっています。太陽は彼らと遊んでいるようです。おじいさんが姿勢を変えても太陽は姿を現し、目に光が差し込んできます。太陽は、葉っぱの穴や枝の間からおじいさんを見つけ出します。屋根の下に座っていても、いずれにせよ太陽はおじいさんを見つけ出すので、結局おじいさんは日に焼けることになるのです。

ロシア語の武士道
頁の間に乾いたゴキブリ

この俳句は、見たままを詠むという原則を忠実に守って詠んだものです。私の職場では、戦争がはじまると、ゴキブリが襲来しました。どうやらゴキブリは、となりの研究所のどこかに生息していたようです。人がいなくなって、食べる物が何もなくなって、引っ越しが起きたようです。私たちの職場はとても大規模なゴキブリの襲来を受けました。ゴキブリはどこにでもいて、夏はこれと戦っています。

いまもゴキブリと戦っていますよ。あちこちに殺虫剤を撒きましたが、ゴキブリはどこにでもいるのです。書架のすべての本を振ってみましたが、本の間からもゴキブリが落ちてきました。

また、私が読んだ日本の本のロシア語訳――ソ連時代の翻訳、それからロシアになってからの翻訳――は、控えめに言っても適切ではありません。部分的削除や単なる誤訳もあります。つまりこの句は、ロシア人はまったく立派な戦士ではありえないという皮肉でもあります。戦士としての名誉も良心も一切なく、彼らの言うところの「将校の言葉」、つまり「信頼できる言葉」もありません。彼らは決してなんの協定も守りません。彼らは戦士ではありません。ですので、彼らにとって「武士道」は一切ありえません。単なる殺人者です。

――武士道の本は、あなたの本ですか？

はい、私の本です。うちには武士道の本が置いてあります。

――武士道について、どう思いますか？

私は日本の武士をとても尊敬しています。私は友人と日本に行き、戦国時代や源氏と平氏のゆかりのあるさまざまな地を訪れました。尊敬しないではいられません。大和魂にはその価値があるからです。

――日本にはいつ行きましたか？

五回行ったことがあります。最後に行ったのは二〇一八年の秋頃です。二〇二〇年にも行く計画を立てていたのですが、新型コロナウイルスがあり断念しました。今年［二〇二二年］は行こうと計画していました。ですが、どこにも行けませんでした。戦争ですし、国境は開いたものの容易に出国できません。そのほか、金銭的な問題もありますし……。九州にある神風特攻隊の基地となった飛行場など、まだ行ったことのないところへ行くつもりでした。それから鎌倉もです。西日本も見たいですが、でも……。

赤茶けた路肩
八月の太陽
傾《かし》ぐ

これは夏から秋への移り変わりの俳句です。だんだん草木が色あせていきます。太陽は、沈むときの角度を変えていきます。太陽はますます赤くなり、日没ごとに秋へと近づいていきます。私たちは、周囲の自然がすべて少しずつ赤茶色になっていくのを目にすることができます。

植物は夏の間に太陽に焼かれて黄色くなり、自然と赤茶色になっていき、日没ごとに、ますます褐色になっていくのです。八月や九月初旬ほどに鮮やかな赤い夕陽は、ほかの季節にはないと思います。

――九月に入りましたが、あなたのところではもう秋ですか？

もう秋です。すっかり寒くなりました。今朝は、気温は十度しかありませんでした。急激に寒くなりました。つい最近までは三十四度もあったのに、突然、それも急激に下がりました。九月初旬に低気圧が来て寒くなるというのは、キーウの特徴です。

――最後の句は日本語で詠まれた俳句ですね。

親友の小さな手書き山桜桃《ユスラウメ》

この句は、もう長いこと会えていない私の友人を詠んだ句です。彼女はとても小さな丸っこい筆跡で書きます。私は「山桜桃」を見つけることができなかったのですが、ベニバスモモがありました。ベニバスモモはユスラウメのように、とても小さな花を咲かせます。小さくて丸くて、大量に咲くのです。満開になると、細かな丸い点の模様のついた小さな木になります。

開花したベニバスモモは、彼女そのものです。とても明るい人で、ベニバスモモの花を見ていると彼女の筆跡を思い出します。窓からいつでも眺めることができます。私たちは毎年春に会っていて、日本にも一緒に行っていました。ですが、私たちはもう数年間、それをできていません。

＊1　一九八〇年代後半からゴルバチョフによりはじまった改革。市場経済一部導入や情報公開、歴史の見直しなどを進めた。

妻子を送り出したリビウの街で

レフコ・ドブガンさん
国内から避難者が多くやってきたウクライナ西部リビウ在住。二十年以上、社会団体で、さざまなトレーニングやワークショップ、研修事業を手掛けている。妻と子ども三人と暮らす。

――俳句との出会いについてお聞かせください。

確か二十年ほど前です。とあるワークショップで、トレーナーの一人が俳句を話題にしたのです。どうして俳句の話が出たのか思い出せませんが、とても面白いと思ったことを覚えています。その流れで、私たちは全員、自然の中で自分の見たものや印象を受けたものについて俳句を詠むという課題を出されました。このとき、私は俳句の面白さを知ったのです。

その後、とても長い休止期間がありました。つまり、私は俳句を詠みませんでした。それまでも、俳句を知らなかったわけではありません。学校では外国文学は必修科目だったので、松尾芭蕉などについては授業で習っていました。

私が俳句を詠みはじめたのは五年ほど前です。どうしてか、自分でもわかりませんが、やってみたくなったのです。作った俳句をフェイスブックに投稿していると、「なぜ出版しないんだ」とか「作品集を出版すればいいじゃないか」といったコメントがつくようになりました。句集の出版なんて考えていませんでしたが、親しい友人たちの後押しもあって小さな句集を出版することを決意しました。画面越しに見えるでしょうか？

――見えます、赤い花の表紙ですね。

はい、これはケシの花です。『49の俳句』というタイトルのとても小さな作品集です。俳句はちょっとニッチな詩なので、大衆的な人気があるものではありません。俳句にシンパシーを感じるのはごく少数の人たちです。俳句は理解するというより感じるものです。俳句は、深い思考を感じることなのです。

いまでも俳句を詠みつづけていますが、多作ではありません。とてもたくさんの句を詠んだ正岡子規のようにはいきません。

ですが、俳句という形式で表現することは私に合っています。私はこの形式とともに生きています。感情的な瞬間――特に自然の中に何か私を元気づけてくれるものを目にしたり、そういうものを見せられたとき――、私はそれを言葉で記録します。写真に撮って、あとからそのイメージに立ち戻って俳句を詠むこともあります。フェイスブックには、いつも写真と俳句を一緒に掲載します。この二つはペアです。

――自然を詠むことが多いんですか？

大半の俳句は自然に関するものです。俳句を詠みはじめた当初から、私は古典的な五、七、五の形式を守っています。このルールを守りながら自然をテーマに詠むようにしています。

でも最近私は、五、七、五のルールから外れるようになりました。過去に詠んだ句を批判的に評価するようになりました。あまりに暗喩が多かったり、俳句にあるべきではないイメージがあったり、俳句にあるはずの切れ字がなかったりして、単にイメージが気に入って、それについて三行詩を書いただけのように思えるのです。自分の出版した作品集を見ると、いくつかの俳句は、私はそれらが真の俳句となるようにすべきことをしなかったように見えてしまうのです。

戦争前に見たチューリップの芽吹き

早めの
チューリップの芽吹き
やはり嬉し

――この句はいつ、どんな状況で詠んだのですか?

確か、これを詠んだのは戦争のはじまる数日前だったと思います。自宅の近くに、緑色のものが見えたんです。よく見ると、チューリップが残雪を突き抜けて生えてきたのでした。私は、ちょっと早すぎると思いました。なぜなら、二月は、ウクライナの緯度ではチューリップが咲くことはないからです。

当時からすでに社会には不安な雰囲気がありました。恐怖の雰囲気と言ってもいいと思います。というのも、マスメディアはみな、戦争がはじまるかもしれないと報じていたからです。

この小さな緑色のチューリップの芽は、なんと言うか、前向きな小さなシグナルのように見えました。周囲には戦争への不安や恐怖、未来がどうなるかわからないという雰囲気が充満していましたが、自宅のすぐそばには春のシグナルが、いずれにしても春が来るというシグナルがあったのです。

たとえ何が起きても、とにかく自然はその望みを叶えます。この兆候が現れた瞬間を言葉にして、この俳句ができました。

――ウクライナのメディアはいつごろから戦争について報道をはじめましたか？

　ウクライナでは……この雰囲気はおそらく秋から、二〇二一年十一月からありました。年が明けて二二年一月には不安がかなり広まっていて、人びとはあちこちで話題にしていましたし、マスメディアは連日これを報じていました。どうなるかわからないといった恐怖は社会の中にすでにありました。

同時に、西側の情報源が、この侵攻がどうなりうるのか、どの程度現実に起きうるのかといったことについてのインサイダー情報を公表しはじめました。一月半ばには、ウクライナでは、そういう方向に向かってすべてが進行していたのを覚えています。

とはいえ、私は最後まで信じたくありませんでした。いくらなんでも常識に反しているように思えましたし、客観的に考えてもありえないと思っていましたから。ですが、非合理的な理屈がまかり通ってしまうことがあると知りました。そうとしか判断できません。

――それからしばらくは俳句を詠まなかったのですか？

　何も詠みませんでした。とても大きなストレスとショックで、どうしていいかわからなくなっていたのです。何かを書くのはおろか、何かを読むのもとてもつらかったです。

何をするべきか、どこへ行き、どう決断するか、あらゆることを決めるのがとても困難でしたし、先行きがどうなるかもわかりませんでした……。

妻子を外国に避難させて

――二月二十四日、ロシア軍の侵攻や戦争がはじまったことをどのようにして知りましたか?

私と妻は朝、いつものように目を覚まし、ラジオをつけました。妻がいつも、起きたらラジオをつけるからです。ラジオは、戦争がはじまったことや、すでにロシアの大統領の公式宣言があったことを報じていました。とても不安になりました。これから何が起きるかわかりませんでした。まず、子どもたちをどうしたらいいか考えました。どこへ行くべきかも私にはわかっていなかったのですが、さまざまな事態が起こりうるので、自動車を給油しにガソリンスタンドへ行きました。ガソリンを確保しておくほうがいいと思ったのです。町から出ていく必要があるのかもわかりませんでした。

銀行システムが機能しているかわからなかったので、私はATMから現金を引き出しました。水を確保しましたし、フルーツやクッキーなど保存できるものが必要になるかもしれないと考えたりしました。この日はこのようにして、自分たちが生き延びるのに役立ちそうなことを慌てて準備していました。

その先何をしたのか覚えていません。私たちは自宅に残りました。五、六日自宅にいて、その後、子どもたちをより安全な場所に連れて行くため、ウクライナ国内ですが、両親のところへ退去しました。とはいえ、ウクライナ全土で施設への砲撃がはじまったので、当時はどこがより安全なのか、まったくわかりませんでした。西部でも東部でも変わりません。どの町が安全で、どの町が危険なのか、これは最後までわかりませんでした。

私たちはいつでも自動車に乗ってポーランドとの国境のほうへ移動する用意ができていました。子どもたちを連れ出す必要があったのです。これが、私が最初に考えたことでした。

その後、状況はいくぶんかはっきりしました。三月には、多くの家族と同様に、妻は子どもを連れて一時的に外国へ行き、私はリビウに残りました。私たちの家にも、ドネツク州から一時的に脱出してきた人たちがやってきました。これがウクライナの典型的な状況だったんです。

夏になると、気持ち的には、「戦争は進行中だけど、状況がどのように進展するかは多少はわかる」と感じるようになりました。しかし、わかると思うことも幻想です。夏には妻子も戻ってきていました。子どもたちは勉強し、妻は働いています。私もリモートで働いています。インターネットがありますからね。

――いまも仕事を続けていますか？

私の従事しているプロジェクトは一か月間停止しましたが、三月末には再開に向けて動き出しました。とはいえ、移動は危険になったので、すべてをオンライン体制に切り替えました。しかも、私たちが活動している一部の地域は、現在占領されているヘルソン州です。それから危険なポルタヴァ州、ドニプロペトロウスク州ですが、当然ながら、あちらへのすべての移動や訪問は中止となりました。いまも仕事はリモートでのみ行われています。

夏の幕間と冬への不安

夏の幕間
菩提樹の花
静かに散りぬ

これもちょうど、先ほど話した幻想についての句です。二〇二二年の六月と七月は、人びとがもうこの現実にすっぽり浸かっていました。自然を眺めることは、戦争や経済的な問題といったことから気を逸らすのに、気持ちの上で役に立ちます。

この年は、チューリップは例年より早く芽吹き、菩提樹は早く散りました。ウクライナ語で七月は「リーペニ」と言って、リーパ（菩提樹）の花が咲く月です。だけどこの菩提樹の花は、六月にはもう散りはじめていました。

こういったことがとても頻繁に起こるようになりました。私はなぜかこれが気になりました。そしてこの菩提樹を見て、写真を撮り、この俳句を詠んだのです。

「夏の幕間」というのは、自然のサイクルでは開花とその後の実りの間の幕間です。六月と七月にウクライナで起きたことについて言えば……この二か月は、戦線が沈静化したというわけではありませんでした。戦闘はいつも行われていますし、南東部の前線はとても厳しい状況になっていて、戦争の深刻さが薄まることはありませんでした。

ですが情報の点では、社会は少し変化し、気が緩んだというわけではないのですが……小休止のようでした。私の使った「幕間」という言葉は、自然における小休止と、発生している出来事における小休止を指しています。私は激戦地から離れたリビウに住んでいますが、いずれにしても私たちはすべてを共有していますし、推移を毎日追いかけています。

——夏には人びとは少し普段の生活に戻ったということですか？

そうです。夏は、自然は自然のままであり、花には咲く時期があり、その後実りの時期がくるということを思い出させてくれました。自然はどんな状況でも、どんな情勢においても、自分の歩みを続けています。人びとはこのような自然のサイクルに従って生きています。都市であれば、特に大都市であれば、もちろん異なるサイクルがあります。ですが小さな町や村であれば、自然のサイクルに対する人間の義務はとてもしっかりと残っています。

——それにきれいな花は穏やかな気持ちにしてくれますね。

そうです。この花咲く菩提樹を見るときにはその香りを吸い込みます。そうすると、穏やかな気持ちになれます。いつもそうだったように、すべてがうまくいっているような気がします。

七月の暮れ
去年の切株で
薪を割る

――この句について話していただけますか。

この俳句も、現在起きていることと関係しています。やがて訪れる冬への不安を詠みました。みんな、寒い冬になるし、ガスの供給がどうなるのかわからないという話をしています。これについてはウクライナだけでなく、ヨーロッパ全体が議論しています。というのも、ロシア産ガスへの依存は、私たちの現在の状況において重要な問題の一つだからです。

実際に私は、七月のとても暑かったときに薪を割りました。これはちょっと大変でした。この日はとても暑かったですから。私が薪を割ったのは、もしガスがこなかったら、暖炉に火を入れて暖をとることができると思ったからです。

戦争中だという現実を考慮しなければ、暑い七月に薪を割るなんてナンセンスですよね。でも、私たちはこのとき、必ずやってくる冬について考えていました。冬は必ずやってきます。戦争があるかないかは関係ありません。ガスが来なくても、どうにかして生き延びなければなりません。

――いまは、戦争は長期化すると考えられていますか？

はい。戦争は長引くでしょう。とてもたくさんの、さまざまな専門家の意見がありますが、いまは、戦争がどのくらい長引くかやどんな終焉を迎えるのか、確定的なことを話すのはとても難しいです。予測することは不可能だと思います。

――戦争当初、この戦争はもっと早く終わると思っていましたか？

はい。三月はそういった雰囲気がありました。そのような情報がありましたし、キーウ州、ジトーミル州、ハルキウ州の防衛に成功したので、彼らはいなくなると思われていました。しかし、現実はそうではありませんでした。いま、人びとの大半は、戦争が長引くということを理解していると思います。どれくらい続くのか、答えるのは不可能です。

人の消えた家、激化する前線

屋根なき家
今朝までは
誰かの家庭

——この句は実際に目にした光景を詠んだのですか?

これは、毎日パソコンのモニターで見るものを受けて詠んだものです。ロシア人が民間のインフラを破壊した光景です。つまり、住宅が破壊されて……。これらの住宅には、前夜までは住民が眠っていました。しかし、もう壁しかありません。

ウクライナ語では、Будинок(ブディノック)というのがhouse(家)で、дім(ディム)がhome(家庭)です。つまり今朝までは誰かの「家庭」でしたが、いまはただの「家」になってしまいました。もう誰も住んでいない場所、そしておそらく、これから決して住むことのない場所です……。

俳句というものは、歴史を詩的に切り取って瞬間をとらえるものです。一軒一軒の家が歴史であり、そこに住んでいた人びとも歴史です。ミサイルや爆弾が飛んでくる前の歴史と、それが起きた後の歴史――人びとは生存しているものの、家庭を失いました。家は誰かの家庭であることを止めました。人が住み、家庭の温かさのあった場所、人びとの歴史のあった場所は、一瞬で、ただの壁に変貌したのです。

――いまも戦闘の激しい東部や南部に知り合いはいますか？

戦っている知り合いがいます。すでに占領された地域にも近しい知り合いがいます。さまざまな制限があるので、戦闘している人たちとは頻繁に話をすることはできません。あちらで何が起きているかについて、公式のチャンネルからだけでなく、あちらに行っていま戦っている人たちからもある程度情報を得ています。これはまさしく戦争なのです。

いま、私たちはとても多くの情報に囲まれて生きています。矛盾しているものも、手に入らない情報もありますが、どうしてその情報がないのか、その理由も理解しているつもりです。

――前線の知り合いから直接、事実を知ることもあるんですね。

はい。前線にいる知り合いと話をしていたとき、こんなことがありました。私たちが話をしていると突然戦闘がはじまって、スマートフォンを通じて銃撃戦の音が聞こえました。彼は、「電話は終わりだ、もっと奥に隠れなければならない。ここはもう危ない」と言いました。私は自宅の安全なところにいましたが、飛び交う弾丸の音が聞こえて、これが私の友人をどのように脅かしているかを体感しました。これは生死の問題です。

昨日、フェイスブックのタイムラインを見ていて、死亡した軍人が最後に投稿した写真を目にしました。その写真はまさに、自然は自らの望むことを叶えている、ということを示すものでした。彼はアカシアの写真を撮り、「焼け焦げたアカシアが八月に花を咲かせた」とコメントしていたのです。

私は、これはほとんど俳句だと思いました。彼はこの瞬間に気づいて、記録したのです。そしてその翌日、彼は亡くなりました。この人は見たのです。四月に花を咲かせることのできなかったアカシアは、八月に花を咲かせました。自然はどんな状況でも望むことを叶えているというのは、彼にとってもきっと、何か良いシグナルだったのかもしれません。でも、この人は亡くなりました。

――とてもつらいですね。

はい、このような時代に私たちは生きています。

――最近も俳句を詠んでいますか？

最近は……なんとか続けています。詠みつづけていますが、数はとても少ないです。最近私の詠んだ俳句を紹介しますね。

リンゴと重力の夜中の勝負
ぽとん
また負けた

私の部屋の窓の外には古いリンゴの木が生えていて、ちょうど寝るときにリンゴが落ちはじめるのです。リンゴは特に夜中に落ちるのですが、その、ぽとん、ぽとんという音が聞こえます。寝ようとしているそのとき、リンゴが二つほど草に落ちるのが聞こえてきて、このような俳句を私にささやきました。

——俳句を詠むことは、何か役に立っていますか？

はい。より落ち着いて、より穏やかな気持ちになります。これはきっと、私にとってある種のメディテーションなのです。俳句は、役に立っています。癒されて、しばらくの間穏やかな気持ちになれるのです。もちろん、長い時間ではありませんよ。この戦争については、自分の望みを叶えることも問題を解決することもできません。ですが、俳句を詠むときは、自分の望んだとおりにできるので、うれしい気持ちになります。心穏やかになる瞬間です。

戦争は、俳句向きではありません

イリーナ・メレシキナさん
キーウ在住　五十八歳。
演劇評論家。演劇博物館勤務。ウクライナのユダヤ人の演劇についての本を出版。

――現在は一人暮らしですか？

いいえ、夫がいます。彼は八十代です。私たちは現在、キーウ中心部にあるペチェールスク地区に住んでいます。成人している息子もいて、彼はトロエシチナ地区に住んでいます。キーウは大都市なので、ペチェールスクで起きていることと、トロエシチナで起こっていることがまるで異なることもあります。キーウでは、ある地区で雨が降っても別の地区では降っていないことだってあるくらいです。ミサイルの飛来やいまここで起きていることも、市内の地区によってかなり差があります。

両親は八十代です。彼らは南部ヘルソンに近いミコライウに住んでいるので、こまめに連絡を取り合い支えています。なんと言いますか、あちらはかなり悲惨な状況です。

――俳句との出会いについてお聞かせください。

子どもの頃から日本文学に興味があったんです。私は絵画や言語を用いた芸術が、子どもの頃からとても好きなのです。清少納言などの作品を読んでいるうちに、短歌や俳句の美しさに惹かれていきました。ヨーロッパの言葉を多用する文芸と違って、短歌や俳句は、語数は少ないですがとても多くの印象や感情がこめられているからです。

私にとって俳句は、ある種の詩の日記です。何かの印象や感じていることを言葉で記録することができます。一年分の自分の俳句を読み返すとき、その瞬間に立ち戻るのです。この小さな三行詩は、まさに日記のようなものです。

私が参加している日本センター付属の俳句クラブは、発足から一五年以上の歴史があります。これまでに八冊の句集を出版しました。みんな、より上手くなりたいと思っていて、俳句をベースに仲間と交流しています。

すべてが爆発した二月二十四日

古い写真
我より若き祖母
夢に出づ

――これは侵攻直後の三月に詠んだ句ですか？

はい、避難の準備をしていたときのことです。みんなリュックに何を入れるか困っていました。大事なものを持っていかないといけないのですが、全人生は明らかにそこには入らないからです。そんなとき、多くの人が、家族のアルバムから一番大事な写真を抜き取って持っていこうとしました。私の場合は祖母の写真でした。

祖母は第二次世界大戦がはじまったとき十九歳でした。彼女のように身近な人が夢に出てきてくれたら、とても心強いですし、心の支えになります。強力な一族の支援とでもいうのでしょうか。

それに、自分がこんな年齢になると、いまの私の年齢よりも若かった頃の祖母を思い出すこともあります。そんな考えが浮かんできて、この俳句を詠みました。

――三月に、あなたは避難することを考えたのですね？

その頃はキーウがどうなるかわかりませんでした。というのも、キーウの郊外のイルピンやブチャに、敵軍がいるということを知っていたからです。

夫は八十四歳ですし、私たちはどこか安全なところへ出ていくことはできないと考えました。そういう提案は実際にあったんですが……。ミコライウにいる両親のこともありましたし、外国へ出ていくというのは選択肢にはありませんでした。

――あなたにとって戦争は予期せぬものでしたか？

東部の紛争はこの八年の間、まったく終結させることができていませんでした〔四〇ページ参照〕。正直なところ、そういうことがありえると考えたくありませんでした。ですが……。とにかく二月二十四日の朝は恐ろしかったです。

――どうやって戦争がはじまったことを知りましたか？

私はこの日、なぜかいつもより早く目が覚めました。仕事へ行く準備をしながら、スマートフォンでニュースをチェックしていると、戦争を知らせる報道一色になっていました。

すぐにミコライウの両親に電話をかけました。最初の数分で爆撃されたクリバキノ飛行場は、彼らの住む集合住宅からわずか二キロのところにあるからです。それから息子にも電話をかけました。

新たな章がはじまったということです。私たちは八年もの間、紛争が続いていたことも理解していました。この紛争はかなり局地的でしたが、離れたところに暮らす私たちにも不安はありました。

いま、キーウでは障がい者が急増し、体の一部を失った人が街中を歩いています。第二次世界大戦中のようです。変化ははっきりと現れています。

二年ほど前、私は地下道で松葉杖をついた人と白杖をついた人に出会ったことを俳句に詠みました。この時点で、危険な感じ、不安な感じがすでにあったということですし、ときとともに不安がますます濃くなっていき、二月二十四日にこれらのすべてが爆発してキーウに表出したようにも感じています。

灯火管制の町に置き去られたペット

暗き家並みの
中庭に
空っぽの眼窩

私はこの句で、こんなに暗くて不穏で、居心地が悪く、客を歓迎しないキーウを見たことは一度もないという思いを詠みました。ベッドタウンではそうではないかもしれませんが、ペチェールスク地区から人は消え、住宅の窓にはほとんど明かりがついていません。灯火管制もあったため、私たちは不安なときを過ごしていました。

当時は戦闘機がまだ飛んでいて、何かを投下する可能性があったからです。爆撃がはじまるのか、どうなるのかわかりませんでした。三月はおそらく最も不安な月で、常に胸騒ぎがしていました。その後、キーウ郊外からロシア軍を撃退したとき、なぜあんなに不穏で不安だったのか理解しました。もしロシア軍がキーウに侵攻していたら、たぶんもう……とても、とてもひどいことになっていたでしょう。

サイレン吠え
中庭で
犬が泣く

この句は、動物はサイレンに敏感に反応するという実際の経験から生まれました。人間はサイレンだとわかっているので自分を落ち着かせることができますが、動物にはこの状況を理解するのは困難です。
私たちは犬が「鳴いている」ことには慣れています。ですが、恐ろしくいらだたしいサイレンの咆哮への犬の反応はとても劇的です。犬は「泣いている」のです。

——犬の遠吠えとサイレンを同時に耳にしていたのですね。

これはいまの私たちの生活の現実です。サイレンが鳴らない日はほとんどありませんから。サイレンが三日間鳴らなかったときに、猫が子猫を散歩させようと中庭に連れてきたことがありました。つまり現在の状況は、人間だけでなく、動物も不安にさせているのです。

——人間は理解できますが、動物は……。

はい。この音は動物にとってまったく聞き慣れない音なのです。何が起きたのか、これはなんなのか、動物たちは人間とは違う形で感じていますし、人間よりも怖がります。

——多くの人たちが避難したとき、ペットも一緒に連れて行きましたか？

ミコライウで見た光景

さまざまです。車で避難した人はペットを連れて行くことができました。戦争が宣言されてから自宅に帰れなかった人もいました。そのため、一部のペットは鍵のかかった室内に取り残されてしまいました。これは問題でした。フェイスブックでこれを見た支援団体の人たちが、閉じこめられたペットのいる住所を聞き出して救出することもありました。

トロエシチナでは、戦争がはじまってすぐに、自分のペットを外に放した人たちもいました。その後、ボランティアの人たちが七十匹以上の猫を捕獲して、ポーランドに連れていったそうです。いろいろなケースがあります。占領地域から親戚のところまで牛を百キロ以上連れていったという、素晴らしいケースもありました。

息子が話していたのですが、ミサイルが飛んできて、その衝撃波がすさまじく、従姉妹の猫が行方不明になってしまったのだそうです。とにかく……これはとてもつらいです。動物と戦争という問題です。

洗われた窓ガラス
枠ごと崩る

私たちのところでは、復活祭は四月末にありました。家の女主人たちは、戦争だろうとそうでなかろうと、とにかく復活祭に向けて準備しようとしていました。

この句は両親の住むミコライウでのことです。あちらでは住宅の半分、少なくとも三分の一は確実に窓ガラスが割れ、落ちています。いまはもう秋で、寒くなってきました、暖房の必要な季節になったらどうなるか恐れています。ガラスの割れた住宅をどうやって暖めたらいいのでしょうか。窓ガラスは割れていても窓枠が残っているのなら、大きなフィルムを広げて窓をふさぐことはできますが、フィルムは寒さを防ぐのには役に立ちません。最もひどいのは、窓ガラスが窓枠ごと落ちてしまっている場合です。私たちのところではそうした住宅は空き家になっていますが、ミコライウでは部屋中に破片が散らばっているようです。つまり、割れたガラスの上を歩くことになります。

――あなたのご両親は、ミコライウでどうなさっているのですか？

両親は五月半ばに町から別荘に避難し、いまはそこにいます。状況が良くなることを願っていますが、そうでなくなれば彼らはキーウに来ることになっています。兄弟がミコライウまで様子を見にいったのですが、両親はこちらへは来たがらなかったので……。いずれにしてもあそこは危険です。夜でも昼でも、常に爆音がヘルソン州から聞こえてきます。そして砲撃できるものすべてを砲撃しています。

――暖炉や電気はどうですか？

電気は、どうやらまだ大丈夫なようです。一時は停電しましたが、電力会社が修理していいます。むしろあちらでは水が大きな問題です。ミコライウは水を全部、ドニプロ川のカホフカ貯水池から引いていました。ヘルソン州が占領されたとき、ミコライウへ水を供給している水道管がすべて破壊されたので、修復がかなり難しいのです。復旧の見通しは不明です。

ミコライウはほぼ水がない状態になってしまいました。水道管で供給されるのは工業用水で、食器を洗うのにも使えません。ミコライウの水不足は本当に大問題です。食品はあり、商店は営業していてなんでも買えますし、送られてくる人道支援物資はあります。でも、どうやって冬を乗り越えるか、とても心配しています。

「戦前」とはいつか？

戦前
四十一年の前？
二十四日の前！

――この句は第二次世界大戦と今日の戦争を重ねて詠んだ句ですか？

どう言ったらいいでしょう……。私はいまでも、「戦前」という言葉を使うとき、それは一九四一年より前のことだと思っています。大祖国戦争、つまり第二次世界大戦です。それからも局地的な戦争はありましたが、戦争前を示す標識となるのは一九四一年でした。

ウクライナに暮らす私たちの頭の中にあるのは、いまは一体どちらなのか、ということです。この二月二十四日という日付は新たな標識となりました。私たちは全員、二〇一四年以降、ウクライナ東部で紛争が続いていることは知っていましたが、いま起きているのは全面戦争です。これはもうまったく規模が異なりますし、損失が異なります。私たちにとってこれはもう……この戦争は第二次世界大戦をかき消しました。

私の両親と夫の世代は、一九四一年にはまだ物心つく前のほんの小さな子どもでしたが、第二次世界大戦も体験しています。いま、彼らは晩年になってまたこの戦争を体験しています。しかも、あのときの敵はナチス・ドイツでしたが、いまの敵は常に私たちと一緒にいたはずのロシアです。いま、母は、「彼らには良心がない」と言っています。いま起きているのは戦争です。二十一世紀の二十年が過ぎたのに、まるで中世のようなことが起きています。

私の両親は、幼かった彼らが地下室に隠れているとドイツ人がチョコレートをくれたという思い出話をよくしていましたが、いまはこういう話は一度も聞いたことがありません。

ここで起きていることはまったく別のことです。なんと言ったらいいのでしょう。より残酷で、すでに第三次世界大戦がはじまっているかのように感じます。なんとしても生き延びたいと思っています。

――あなたのご両親にとって、これは人生で二度目の大きな戦争なのですね。

そうです。私はフェイスブックで友人の投稿を目にしました。友人は知り合いの老婦人について、「彼女は一九四五年の後に生まれてよかった。そして二〇二一年に新型コロナウイルスで亡くなったので運が良かった」と書いていました。なぜ私がこのような残酷なことをお話ししているかというと、これがいまの私たちの現実だからです。その老婦人はこの戦争になる前に死んでよかったです。なぜなら……。これを論理的に説明するのはとても難しいです。これはただ、私たちの周囲で起きていることなのです。

——私も、こんな戦争が起こるなんて思ってもみませんでした。

はい、二十一世紀なのにです。ミコライウには五十万人ほどが暮らしていますが、突然水がなくなってしまったのです。東部のハルキウでは一体何が起きているのでしょうか。あるいはマリウポリで起きていることはなんでしょうか。戦争のせいで、この町にはもう何も残っていません。文明が発展している二十一世紀に、どうしてこんなことがありえるのでしょうか。このような分断は望んでいません。いま起きていることを見ていると、人間は進化していると言えるのか、むしろその逆なのではないかと疑わざるをえません。

戦争の夏
FBの友達リストは訃報記事に

――この句について、少し説明していただけますか？

これは本当にとても恐ろしいことです。フェイスブック（FB）の友達リストを見ていると、春にはあまりなかったのに、いまでは、追悼文や戦死の記事が掲載されていま す。全員が私たちの勝利を願っていますが、この代償はどんな恐ろしいものなのかとい うことを考えさせられます。

亡くなった人たちは、ウクライナが自由で独立したままでいられるために自らの命を差し出した人たちです。つまり、民族最高の若者たちが命を落としているのだという感覚があります。友達リストを見るのは、ますます恐ろしくなっています。反転攻勢は私たちの待ち望んでいることですが、これは一人一人にとっても、私たちの民族全体にとっても、代償がとても大きいからです。まさにこのことを、この俳句で伝えたかったのです。

――あなたの知り合いにも亡くなった人はいますか？

はい。私の勤めている演劇博物館の同僚にも、すでに孫を一人埋葬した人がいますし、知り合いの女性の息子も行方不明になっています。息子が亡くなったのに、その地域は占領されているので埋葬することすらできずにいる人もいます。

フェイスブックを穏やかに閲覧することすら妨害されるようなところまで、事態は進行しているように感じます。

――あなたも息子さんがいらっしゃるとおっしゃいましたね。

はい。息子は軍事専門教育を受けていません。彼は製図技師で、地雷除去活動などをする、慈善活動を行う会社に勤務しています。彼はそこですべてを地図に記載していきます。そして、ボランティアとして軍人のために水を集めています。これはいま、誰もがやっていることです。そのほかにも、人道支援物資などを配っています。彼は軍隊には入っていませんが、徴兵司令部に行って登録は済ませてあります。

――母親として、とても不安ですよね。

はい、恐ろしいです。たくさんの人が徴兵司令部へ行き、すぐに志願兵として登録しました。すぐに召集された人もいれば、召集されなかった人もいます。とにかく、すべてが複雑なんです。軍の専門的な経験がなかったのに前線へ行った人たちもいます。それからもう一点ですが、ウクライナではいま、多くの人たちが捕虜になっています。同僚の夫は、ほとんど開戦と同時に捕虜になりました。

私たちはこうなってしまうことに対する準備はできていませんでした。

戦争が破壊する日常

警報から警報まで雀の短夜

――この句は夏に詠んだものですか？

　キーウでは六月末、一年で一番短い夜、白夜がやってきます。白夜はロマンチックな俳句に結びつけられることが多いのですが、いまでは眠ろうとするとサイレンの音が鳴って目が覚めるということに結びついています。

　ミサイルが発射されたとたんに、そのミサイルの軌道全地域にサイレンが鳴り響き、ウクライナ全土が防空警報で覆われます。ミサイルの追跡システムが機能しているからです。両親の住むミコライウではこのサイレンや防空警報は毎晩のように鳴っているので、人びとはすっかり慣れてしまいました。

「雀の短夜」、すなわちロマンチックな夏の白夜は、このようなものになってしまいました……。すっかり生活の一部となり、これが恒常的になりつつあります。ロシア軍は、夜や朝に何かを発射するのがとても好きなようです。穏やかに眠ったりさせないようにしているのだと感じます。夏は窓が開放されているので、より強く感じられます。

――こんな夜がもう半年も続いているのですよね。

　そうです、一進一退で続いています。

二月より五か月
玄関に子どもの橇《そり》

——これは実際に目にした光景ですか？

はい。戦争がはじまり、多くの人が急いで町から出ていきました。まだ冬だったこともあって、避難していった人の家の玄関には橇が置いたままでした。橇はひと月過ぎてもふた月過ぎてもそのままで、夏になってもずっと玄関の前に置いてありました。

「二月より五か月」という言葉で、私は、春から夏への季節の移り変わりも、安定した生活の流れも認識できなかったという思いを強調したかったのです。時間は二月のまま止まってしまいました。

それから、ウクライナ語では、二月というのは лютий（リューティー）と言います。この語には、「悪い、善良でない、苛烈な」という意味もあるんです。初夏に、このような二月の苛烈な感じがまだ残っていました。そして橇は、もう誰にも必要とされていないし、持ち主はいなくなったという現実です。ですが、七月に持ち主は帰ってきて、橇はもう玄関からなくなりました。

砲撃される大地

焼野原
「グラード」で砲撃されし麦畑

「グラード」＝雹、もしくはロケット砲撃システム

──これは実際に起こっていることでしょうか？

収穫期を迎えた小麦畑がただ燃やされているという、恐ろしい現実です。兵器はこのように、人間だけでなく、自然とも、この実った小麦とも戦闘をしています。収穫の準備のできた小麦畑を燃やしているのです。これがいたるところで起きています。

先ほど言ったように、両親は別荘にいるので、町からそこに行くにはいくつかの畑や

植林地の中を通らなければなりません。

小麦が実ったときにそこを通りましたが、通るのが恐ろしいほど燃え盛っている畑がいくつかありました。畑に近いところに住宅があれば、燃え移るかもしれないというくらいです。なんと言ったらいいでしょう……。完全に常軌を逸した、破滅した世界のような状況です。穀物などすべてが破壊されています。占領者、戦略者たちの論理は理解しがたいです。

キンブルン占領
血のごと苦き
ばら色のソロンチャーク土

＊「ソロンチャーク土」＝ステップに多い塩分を含む土

キンブルン半島は……どう言ったらいいでしょう……。キンブルン半島には、森林や草原《ステップ》もありますが、たくさんの塩湖があって鳥類保護区域となっています。

キンブルン半島はリゾート地です。ステップ帯地方の自然が最良の形で残っています。鳥がたくさんいます。鳥にとっては占領などどうでもいいのです。半島には人はほとんど住んでいませんが、ミコライウに住む人たちの大好きな休暇の場所で、オデーサから訪れてくる人もいます。ですがいま、キンブルン半島は占領下にあります。

キンブルン半島には塩湖の沿岸に生えるばら色のアッケシソウもあります。

第二次世界大戦中に、乗員を乗せたドイツの戦車が砂に流され塩湖に沈みました。でも、後になってやってきたドイツ軍は、戦車を湖から引き揚げないことに決めました。なぜなら、流砂があって、近づくのがとても難しいからです。そこが当時の敵であるドイツ軍の戦車の墓場となりました。

今後どうなるか、見てみることにしましょう。もしかするといつか占領から解放されるかもしれません。

戦争はとてもつらいテーマです。戦争やそれに関する悲劇は、俳句向きではありません。そこには沈思黙考するものがありません。私がやっているのは、紙に劇的な感情を吐き出しているだけです。季節の移り変わりのような、もっと気の紛れるテーマで俳句を詠みたいです。いまは、こういったものには何も気づきません。春がありましたし、夏ももう過ぎさりました。そして、自分はいずれにしても座って何かを待っています。

――日本でも戦中に戦争の句を詠んだ俳人たちがいました。

あなたに俳句を送る用意をしていたとき、私は、言葉で表現された感覚や感情は軽くて、自分の感じているこの緊張や痛みや状況を、三行にこめて言葉で表現するのは難しいという現実に直面しました。

女性的な世界の感じ方に合っている、もっと気楽なことを書くほうがはるかに簡単です。つまり何かを見て、うれしいことなどを描写したり、印象を書くほうがはるかに簡単です。ですが、いまはまったく状況が違うのです。

灯りなき街、不安な夜に思うこと

アンナ・ビズミチノバさん
三十歳。キーウで生まれ育つ。
子どもの頃から宗教や神話、伝説をテーマにした詩を書いていた。
翻訳家で、英語からウクライナ語、ロシア語に翻訳している。

――俳句との出会いについてお聞かせください。

思いがけず詠みはじめることになったんです。そもそも詠むことになるとは思っていませんでしたし、政治的なテーマで詠む日が来るとも思っていませんでしたし、ましてやこのようなインタビューを受けることになるなんて思ってもいませんでした。

二〇二〇年にある若い女性と知り合いました。彼女は日本文化や日本神話に興味があって、ＳＮＳで神話や百鬼夜行について情報交換するグループを主宰しています。彼女は日本の神話に登場するさまざまな超常的な存在について書いていて、伝説やおとぎ話などの翻訳もしています。独学にもかかわらず、徹底的に、半ば学術的にアプローチしています。

彼女は日本の詩歌、俳句、自由詩も書いていて、あるとき、私に俳句を勧めてきたのです。彼女は、「アンナ、一緒に俳句をやろうよ」と言いました。私は、「何を言っているの、俳句ってとても高尚な詩歌でしょ。よく知らないけれど、悟りを開いた、教養のある人たちがやるものでしょう」と言いました。ですが彼女は、「とても簡単よ。私が教えるから」と言いました。こうして俳句を詠むようになったのです。
正直に認めますが、簡単だとはとても言えません。ですが、最初に思ったほどものすごく難しいというものでもありませんでした。

家を失った友、物資の消えた町

春の日に家なき友の花語り

――この俳句についてお話を聞かせてください。

戦争の最初の数か月でとてもひどい被害を受けたキーウ郊外に、友人が住んでいます。私は彼と、たまにしか会いません。ですが、インターネットではよくメッセージをやり取りしますし、バーチャルでもよく会います。彼は長いことウクライナ語で詩を書いていますし、タンゴにも熱中しています。でも本業は庭師で、自身で花や植物を育てています。

彼はローカルテレビ局で番組を持っていて、花や植物について話をしています。その番組で彼は、植物の名前やその歴史、世話の仕方について話しています。私はときどきこの番組を見ていましたが、彼は視聴者が興味を持つように、ユーモアたっぷりに面白く話をするのです。陽気な人で、いつも万事順調といった、まるで太陽のような人なのです。

その彼が、戦争のはじまった最初の数日で家を失いました。ミサイルか弾丸が――私はその違いをよく知りません――彼の家を半分吹き飛ばしてしまったのです。彼は住む家を失って、キーウ市内の友人のところに身を寄せることになりました。それから前線でボランティアとして働き、ウクライナ軍の兵士の手伝いをし、お金を集めたり、物資を集めたり、それらを送付するために郵便局に通ったりしていました。

私がそのことを知ったのはずっと後になってからのことです。彼は一度も不満を言わないどころか、「みんな、ごめん。僕は家がないんだ、誰か何か助けてくれないか」とさえ言いませんでした。彼は、冗談を言い、笑い続け、軍を手伝ってばかりいました。正直に言いますが、そのことを知った後では、彼の冗談で笑ったよりずっとたくさん泣きました。いまはもう大丈夫です。彼は自宅に戻りました。壊れた窓を新しい窓に交換して、吹き飛ばされた壁にレンガを積み、少しずつですが、再び自然の中で生活を整えています。

彼の話に、私はとても衝撃を受けました。戦争がはじまって最初の数日、人びとはよく不満を言い、戦争になって何が大変か、そればかり話していました。ですが彼は、楽観主義精神を持ちつづけていました。私が、「何か手伝えることはない？」と尋ねても、「君は軍に寄付して」と言うのです。私はお給料が出ると、もちろん軍に寄付していますす。私のお給料は特に多くないのですが、可能な額は出しています。

——戦争の最初の数日、あなた自身はどんな状況でしたか？

最初の数日ですか？

かなり普通です。私は、これは何かの夢ではないかと思いました。夜に見る悪夢か何かで、目を覚ましたらすべてがいつものとおりになっているんだ、と思いました。でも実際は……。私の母はとても心配性で、戦争がはじまる前からさまざまな怖いニュースを信じていて、「アンナ、防災バッグを用意しなさい」と言っていました。医薬品、食品、それからあと何を入れるでしょう……防寒具、それからもちろん身分証明書です。私はため息をついて、防災バッグを用意しました。私は、「自分がもっと安心できるようにこれをやっているんだ。あとでリュックサックをほどいて、自分たちがこのすべてを信じたことを笑うんだ」と自分に言い聞かせていました。

そして二十四日、爆撃があったとき、私たちはこのリュックサックを持って駆け出し、地下室を探しました。地下室は、正直なところ、書類上ではすべて完璧になっていますが、実際はすべてが開いているわけではありませんし、稼働しているわけではありません。避難地図に書かれていたものはすべて、どちらかというと報告用の地図であって、開いていて避難民を受け入れられる状態になっていたのは、これら地下室全部のうち十か所に一か所しかありませんでした。

私たちは運良く隣の集合住宅の地下室に避難できました。しばらくそこに隠れていましたが、とても不安でした。ニュースは矛盾したことを報じていましたし、近所では戦闘が起きていました。二日間、外に出たり地下室に戻ったりして過ごしていました。地下室には小さな子どものいる家族もいました。地下室は快適なわけではありませんでした。起こっていることは非現実的に思われました。これは終結するし、すべてが元どおりになると思っていました。ですが、そうはなりませんでした。

それから、正直なところ、私たちは警報が鳴るたびに地下室に駆け込むのに疲れてしまいました。後には、防空警報が鳴ると、私たちは家に入り、二枚の耐力壁の背後の廊下に座りました。廊下には備蓄した食糧や医薬品の入ったリュックサックが置いてあります。

私たちはすべての医薬品を備蓄していたわけではありませんでした。こういうときに備えて全部を準備しておいたつもりでいたのですが、忘れていたものがありました。こういうことは起こるものです。

医薬品を買い足さなければなりませんでしたが、最初の数日は薬局がひどいことになっていました。第一に、すべての薬局が営業していたわけではありませんでした。第二に、薬局には長蛇の列ができていて、せっかく店内に入れても在庫がなかったりしました。もう終わりだ、もう町には何も入荷しないんじゃないかと思われました。でも実際には、そうではありませんでした。一、二週間もしたら、状況はずっと安定し、薬局に医薬品がたくさん並ぶようになったのです。ですが当時は、私たちはとてもいらいらして、一つの列に六時間くらい並び、さらに別の列に三時間並び、家に帰ってくると、まるで足がなくなってしまったみたいに感じました。とにかく私たちは医薬品を購入できました。これに関しては運が良かったです。

そこまで運が良くない人たちもいました。糖尿病患者の薬はとても不足していました。精神安定剤も不足していましたし、血圧の薬も不足していました。三月は爆撃音が間断なく聞こえてきました。座って仕事をしていると、ババババッと音がしてきて、頭上でもババババッと音が響くのです。その後、半日は両手が震えて、水の入ったコップを持つことができませんでした。近くで砲弾が飛び交うこともありましたが、私の住んでいる地区に直接落ちることはなく、三つか四つ離れた地区に落ちました。

しかし、これはもちろん、東部の街ハルキウで起こっていることとは違います。ハルキウは日常的に砲撃されています。ですが、三月は毎日とても不安でしたし、怖かったです。

心臓の音が聞こえる

夜間警報
鼓動の間に
静寂を聴く

夜間警報は戦争開始から何か月も、ずっと続いています。防空警報のサイレンは、一日中どの時間帯でも鳴るのですが、夜間に響く警報は特に怖いです。ロシア軍は朝の三時や四時、夜中の二時頃に砲撃をはじめるのです。防空警報が鳴りつづけ、たくさんの人たちが町から避難していき、人影がなくなって、町は死んでしまったように見えました。人はおらず、暗くて、住宅は……灯火管制なので住宅の窓もすべて暗いのです。一つでも二つでも灯りがついていればまだ良いのですが。

この死んだような静けさはとても不気味でした。私はこんなふうになるなんて思ってもみませんでした。いつも、夜は暗いけれど、怖いことなんて何もないと思っていました。この静けさの中で警報が鳴りはじめるのです。長いこと鳴っています。人びとに警告するために一定の時間作動することになっているからです。

「もしミサイルが飛んできたらどうしよう。私は仕事をやり終えただろうか？——やり終えた」。これは、私の雇用主と話すときによく言う言葉です。「私は母に大好きだよと言っただろうか？——うん、たぶん言った」。こんなことをずっと頭の中で考えていると、もし家が砲撃されたら早く死んだほうがマシだと思ったりします。正直なところ、横になっていると、さまざまな怖いことを考えてしまいます。

あるいは、「ミサイルは私の家に落ちるとは限らないのではないか？　もしかすると、私の身近な人や知り合いが亡くなるかもしれない。朝になったらメッセージを書こう、忘れないようにしよう」と思ったりもします。こんなことはこれまで一度もありませんでした。

――その静寂の間に、自分の心臓の音が聞こえたのですね？

はい、自分の心臓の鼓動が聞こえるような不気味な静寂です。しかも、こんなときには当然、心臓はいつもより強く速く打ちますし、まるで世界の中でこれが唯一残った音のようです。……この静けさはますます不気味に、ますます深くなります。

人との関わりが支えに

生きている
煩わしかった
SNSも嬉し

――この句について説明していただけますか。

これはインターネットのことです。私は生活時間の大半をインターネットの中で過ごしています。人と会って話をすることはそんなに頻繁にありません。SNSではいつも誰かが自分の考えを書いてますよね。「あなたの考え方は間違っていると思う。こう考えるべきだ」とかって。そして、そこではさまざまな論争が起きています。SNSで起きている論争を見ていると、永遠に続くんじゃないかと思えてきます。二十個、三十個ものコメントが書かれることもあります。いまも、ページを閲覧していると、人が書き込みをしています。東部のハルキウ市民からもさまざまな投稿が届きます。不満を持っている人もいますし、いらいらしている人もいます。ほかの誰かに悪態をついている人もいます。

私も以前は、彼らと同じように不満や異論を書きたくなることもありましたし、コメントを読んで、この人は怒っているなと思ったりしていました。でも、いまでは喧嘩しているのを見ると、「ああよかった、喧嘩している。健康で、生きているんだ」と思うようになりました。この人はどこにいるんだろう、何があったのだろう、家は無事なのかと想像して、「とてもよかった、どうぞ喧嘩してください」と思うのです。もっと喧嘩したらいいのです。映画や本が良くなかったとか、作家の書き方が間違っているとか、もっとたくさん言えばいいのです。戦争になる前は怒っていましたが、いまでは、「書き方がおかしいのか。よかったね。この人たちは全部うまくいっている」と思います。誰も彼もを好きになったとは言えませんし、嘘は言いません。そうではありません。多くの場合に私たちが普段口論する原因はとても些細なことだとわかったのです。

——いまは、前よりもインターネットやSNSで交流するほうが多いですか?

そうですね。私たちの集合住宅にはオンラインチャットがあって、そこでメッセージのやり取りをすることもあります。

地区の小さな集まりや市やボランティアの集まりもあって、私もできることは手伝っています。例えば、私たちのところに亡くなった祖父の防寒具が残されていました。フライトジャケットなどもしまったままになっていました。私と母はこういうのは着ないので、移住してきた人たちにあげたり、ボランティアにあげたりしました。こういった相互扶助の活動は以前よりはるかに多くなりましたし、人との関わりもはるかに深くなりました。

これはとても必要なものです。人間は人との関わりなしではいられませんし、人との関わりはその人をある程度人間らしくします。もちろんインターネット上の関わりでもいいと思いますよ。なんと言うか、近代的ですよね。ですが、実際の手を取り合うような接触なしではいられません。このことははっきりしました。できるだけ人とたくさん関わるようにしていますし、どうにかして一緒に生き延びて、できるだけ人を助けるように努力しています。

――団結を深く感じるようになったのですね。

はい、少しだけ、少しだけそうです。もっと感じられるようになればいいと思います。

思い出さえが破壊されて

春を待つ
掌で散りぬ
焼けた本

――これも戦争を詠んだ句ですね。

はい。キーウ郊外に住む知り合いの話です。彼女は一時期、歌手としてとても有名でした。いま彼女は、刺しゅう入りのブラウスや、絵画や、小さな彫刻を作っています。彼女の家にも砲弾が飛来しました。

その町ではかなり有名な人ということもあって、その様子はニュースでも放映されました。崩壊した自宅を歩いている彼女を見るのはとてもつらかったです。なぜなら、この人は単に自宅を失ったのではなかったからです。ここでの問題は家ではありません。彼女は自分の人生をすべて失ったのです。たくさんの自分の作品を失いました。絵画も何もかもです。彼女は、カメラの前では泣くまいと決意したように歩いていました。背を向けたり、壁に空いた灰色の穴を見つめたりしていました。とても言葉で伝えることのできない表情を浮かべていました。

彼女の手には焼けた本がありました。そして次の瞬間、その本は彼女の手の中でただ散っていったのでした。まるで軽い灰のように、ページの詰まった大きな分厚い本が散ったのです。私はとても衝撃を受けました。私はその先を見ることができず、あとになってから最後まで視聴しました。

この本は、なんと言うか……私の心を引き裂きました。私はそもそも本が好きで、自宅にとてもたくさんの本があります。本というものは――これをなんと説明していいかわかりませんが――、ミニチュアの世界のようなものです。そしてその世界はもうありません。私は、世界を破壊するのはこんなに簡単なのだということがわかりました。でも、何か思い出は残るかもしれません。物質的な物だけが大事なのではないようにも思われます。

――その人の思い出や記憶なのですね。

はい、その人の思い出です。これはシンボルなのです。シンボルが燃えて消されるとき、シンボルがもうなくなってしまうとき、これは……なんと言ったらいいのかわかりません。

――魂がなくなってしまうということですか?

そうです。そのためには、何か物質的な物があるべきなんです。デジタル化したり、電子的なデータとして保存したり、写真を撮影したりするのはとても簡単です。ですが、どうして人は物を保存しているのでしょう。手で触れることは魂に触れることです。手で触れることのできる何かは、作った人や所持していた人が残した証ともなります。これを破壊してはいけません。ですが、これはたった二分でなくなってしまったのです。

街角のハイビスカス、湖畔のカエル

国際支援
キーウの庭に
ムクゲ見る

通りを歩いていて、とても美しい花が見えたので、近寄ってスマートフォンで撮影しました。スマートフォンには植物を判定するアプリケーションが入っているので、その花がシリアのハイビスカス（ムクゲ）だとわかったのです。

とても美しかったです。咲いている花もあればしおれてしまった花もあり、その様子も美しかったです。私は、この南方の「シリア原産」という名を冠した植物（ムクゲの学名は *Hibiscus syriacus*）がキーウに咲いているのが国際支援のようだと思いました。ウクライナに提供されている現実の国際支援は、身近なものではありません。国際支援は多かれ少なかれ抽象的です。私には、この花が国際支援の小さなシンボルのように見えたのです。生きていて、まだ焼けていなくて、保存加工されたものではなく、小さな本物の命。

とても素晴らしい国際支援のシンボルです。
これは感動的な小さな瞬間でした。「シリアからは、花という美しい小さな命が届いている。素晴らしいじゃないか」そう考えるのがうれしくなりました。

砂浜に兵士
勇ましく鳴く
蛙あり

——これは面白い句ですね。

はい。近くの湖の砂浜には、運良く砲弾は投下されませんでした。その砂浜は、私の住んでいる集合住宅のすぐ近く、湖の反対側にあります。夏になると、人びとはそこで泳ぐのです。砲弾が落ちた可能性もあるので、市内のすべての砂浜では不発弾の調査が行われました。実のところ、調査の前も後も関係なく、みんな泳いでいたのですが、注意されるようなことはありませんでした。

朝の六時か七時だったのですが、朝の静寂の中で、工兵が一人きりで金属探知機で調査をしていました。その横では人びとが泳いでいました。そのとき、一匹のカエルが鳴いたのです。その声は静寂の中で、勇敢な命の叫びのように響きました。私は気が楽になりました。まるで、灰色の羽根布団が落ちてきたようでした。再び生活が元のペースに戻ったように感じ、私は、これで終わった、これでもうすべては良くなるんだ、ここには地雷は一切ないし、泳いでも大丈夫なんだと思えました。かなりバカげていますが、いずれにしてもこの小さなエピソードは私に元気をくれました。

——泳いでいいと、カエルが許可をくれたのですね。

そういう感じですね。

燃える平原、寒さへの恐怖

地味な夏 スモッグの中 子ら遊ぶ

――この夏はどのような感じでしたか？

ここでは、夏は……あったようななかったような感じでした。各自が気分転換をしようとしましたが、戦争のことをいつも考えていますし、ついつい戦争の話をしてしまいます。そして路上での話はどれも、どこで何を買ったらいいかとか誰に何が起きたといった生活上のことか……。あるいは戦争のことで、プーチンはひどいとか、私たちの政権はいいとかあまり良くないとか、そういった話ばかりしていました。

この夏は、暑さのせいでよく森林火災が起きました。泥炭も燃えていました。スモッグが立ち込めていたのですが、多くの人はこれにあまり注意を払わず、自分の日常的なことをいつもどおり続けていました。私は閉めてある窓から外を見ました。スモッグが見え、そこに陽が差しました。夕方の太陽で、スモッグは少し金色がかっていて、その光景はとても美しかったです。そのスモッグの中で子どもたちは遊び、人びとはおしゃべりしているのです。ちょっと特別な感じがしました。生命は躍動しているようでいてなんだか日陰にあるような、何かの重しの下になっているような感じがしました。重しが人びとを圧迫し、いつ解放されるのかわからないという感じがしました。

――市内にスモッグが立ち込めることはよくありますか？

そんなに頻繁にはありませんが、スモッグが発生したら少なくとも数日間は続きます。

――森林や平原は、爆撃で燃えているのですか？

泥炭が燃えるほうが多いです。どうしてこれが発火するのかわかりませんが、かなり頻繁に発火しますし、今年はほとんど消火されませんでした。

一方で、砲撃のせいで平原が燃えています。消防隊は砲撃を受けた平原まで消火しに行きますから、泥炭に対処できる人はあまりいません。

長き冬
古い教科書
捨てずにおく

――この句は秋に詠まれたものですね。

言っておかなければいけませんが、私は都会で生まれ育ったこともあって、農村での生活――例えばすべてを薪で暖めるような場所での生活――はあまりイメージできません。もし、私たちのところで発電所、つまり市に熱を供給している施設が爆撃されて冬に暖房が入らなかったらと考えると、何か燃料を備蓄しておかなければと不安になるのです。ですが、都会にある何が燃料になるでしょうか？　板、紙、本くらいです。私の蔵書や古い本を燃やすことにならなければいいなと思っています。

卒業してもう何年も経ってしまったので、カリキュラムも教科書もすっかり変わってしまいました。ですが私は、古い教科書をずっと手元に置いたままにしてきました。これを燃やすことにならなければいいのですが……。

自分でも、なんてバカなことを考えているんだろうと思います。だって、紙はどのくらいあれば足りるのでしょうか？　実際にどの程度燃料となりえるのでしょうか？　ですが、せめて何かを備蓄しておかないと……。気分は良くないですし、やりたくないのですが。

――薪は手に入りにくいのですか？

いいえ、薪が手に入りにくいということはありません。基本的に郊外で注文できます。薪を注文しようかとも考えましたが、正直なところまだ注文していません。おっしゃる通り、そうしたほうがいいかもしれませんね。こんなバカなことを考えていないで、薪を買ったほうがいいですね。紙は燃えますが、燃料にはならないでしょう。

ロシアの俳人たちへの思い

――あなたは当初、この戦争はもっと早く終わると思っていましたか？

はい、こんなことは一か月以内に終わると思っていました。ですが……早くは終わらないでしょう。もしかすると二年かかるかもしれません。

――ウクライナ軍が巻き返しているというニュースも報じられていますね。

そうでもありません。勝利まではまだ遠いです。ですが、いくつかの領土は実際にウクライナ軍が取り戻し、住民をロシア軍から解放しています。特に東部のハルキウ州ではそうです。これは、祝日のようなものです。インターネットを立ち上げると、あの町が解放された、この町も解放されたと報じられています。心がとても楽になります。ですが、なんでも起こり得ますから、解放するだけでなく、さらにロシア軍を食い止めれればいいと思います。

――将来はどうなると思いますか？

将来ですか？　もちろん、最終的な勝利を見たいですし、戦ってすべての領土を取り戻すのを見たいです。その可能性が低いことは理解しています。いま一番重要なことは、すでに戦って取り戻したものを定着させて、これをロシアに砲撃させないようにすることです。ですがこれはとても難しいです。なぜなら、私たちはロシア領を砲撃してはならないことになっているからです。私たちはこのような義務を国際的なパートナーに対して約束しました。

ですが、ロシア領からの砲撃は禁じられていません。砲弾がなくなるまで砲撃してくる可能性があります。この問題はとても大きくて、どのような結末になるのか、私には想像できません。ロシアの砲弾がなくなって帝国的な計画が終焉を迎えるか、あるいは縮小することを信じたいです。そしてロシアがとにかくもっと適切に政治にアプローチして、独裁者という立場からではなく、責任能力のある対話相手という立場から交渉に臨むことを信じたいです。

――ロシアには知り合いはいますか？　いまは連絡を取っていますか？

いますし、連絡を取っています。私はずっと前から、ロシアの詩人や俳人たちともリモートで交流していました。東部のドンバスですでに局地的な紛争が行われていた間も交流していました。

ですが、今年［二〇二二年］二月の全面戦争のあと、詩人のグループ――そこにはロシアの人もウクライナの人もベラルーシの人もいるのですが――は、異なる意見や異なる立場が表面化して、とてもひどい口論が起こってしまいました。ロシアを支持する人もいて、その人は、「ウクライナ人は我々によってこのようにされなければならない」と言うのです。「私たちによってこのようにされなければならない」というのは、一体どういう意味なのでしょうか。

この人たちとは、いつかどこかで会えたらいいと思っていましたし、バーチャルではほとんど抱き合わんばかりに仲が良かったのです。ですがいまでは……。その人たちは私たちが死ねばいいと思っているのでしょうか？　いまでもこのグループは残っていますが……なんと言うか、とても分断された形になっていて、今後なんらかの相互活動をしたり、友好関係が築けるのか、私にはわかりません。

ウクライナにもロシアにも知り合いや友人がいますし、関係を維持しようと努力しています。彼らが戦争に反対し、私たちを支持し、なんらかの形で私たちを応援したり心配してくれているなら、私たちは口論しないように努力できます。口論するのは簡単なことですからね。

でも、いつかこの戦争は絶対に終わります。もし私たちが生きていたら、また集まって、再びこの友情をもっと大きく復活させるように頑張ろうと思います。

――ロシアでも反戦の俳句を詠んでいる俳人がいます。

ですが、彼らは名前を匿名化して、ペンネームで隠そうとしています。自分の顔を見せないようにしています。

――実名で書いている人たちもいるようですよ。

それはよかったです。それを聞けて、本当にうれしいです。そのせいで、その人たちに悪いことが起きないことを願っています。

戦火のキーウから東京へ

ガリーナ・シェフツォバさん
キーウ在住。

大学教授（建築学）。

キーウで俳句サークルを主宰。

二〇二二年六月に来日し、東京大学で日本のまちづくりを研究。

二〇二三年『紅色の陽　キーウ俳句クラブ・ウクライナ戦争中の俳句』（ドニエプル出版）を刊行。

――俳句との出会いを教えてください。

二〇〇五年に日本へ建築学の研究で来たとき、偶然電車で野澤明子さんという方と出会ったんです。電車の中で話をするうちに、野澤さんが俳人だということがわかりました。野澤さんはちょうど俳句クラブに行くところだったのです。そのときは一緒に行きませんでしたが、翌月からその句会に参加するようになったのです。

このクラブは「火星俳句会」といって、大阪で活動しています。山尾玉藻先生という方がいて、彼女がいまもそこで教えています。野澤さんと私はいまでも連絡を取っています。

「火星俳句会」ではとても多くのことを学びました。まずわかったのは、私がそれまで俳句だと思って書いていたものは、全然俳句ではなかったということです。俳句には独自のテーマがあり、独自の構造があり、独自の雰囲気があり、独自のルールがあり、それらを守っていなければ、これはもう俳句ではなく何か別のものになってしまいます。私はできる限りそれを学びました。また、俳句クラブの句会のシステムを学びました。

「火星俳句会」では全員が俳句を提出し、それぞれ誰の句なのかを当てていました。これはとても面白かったです。

このような句会を、私たちのウクライナのクラブでも開催しています。当初の参加者はとても多彩で、最年長の人はもうすぐ九十歳になる女性で、最年少は十七歳でした。最年少だった彼女はすでに子どももいて、もうすぐ三十歳になります。

新型コロナウイルスのため、私たちは対面で会うのをやめて、ズームやスカイプなどを使ってオンラインで活動をするようになりました。お昼の十二時に集まりはじめるとしたら、夜八時近くになって終わることもあります。

――そんなに長くやるのですか?

お互いにとても良い関係なのです。それに、みんな、俳句について話すのがとても好きなのです。多方面から検討したり、議論したり、より良くしようとしたりしています。そのプロセスがとても面白いです。途中で何かを食べたり、世間話をしたりしています。テーマからかけ離れることはありませんが、話はあちこちに飛びます。

年に一回、句集を出すようにしていて、八冊目の出版準備をしていたところで、ちょうど戦争がはじまったのでした。

戦争がはじまって、私たちのレッスンは中止になりました。みんながあちこちに避難したからです。占領地域に留まっている人もいます。その人たちなしでやりたくないのです。半年以上も活動ができていません。

キーウからリビウへ逃れて

戦争の空 ほの赤き 樹冠

――この句についてお話ししてください。

三月末か四月初旬、戦争がすでにはじまっていたときでした。このとき、私たちは家族とリビウに避難していました。ウクライナ西部の町で、そこでは一見したところ、戦争は目につきませんでした。とはいえ、実際には戦争は行われていて、ミサイルも飛んできました。私がベランダに座っていると爆撃があり、ちょうど二百メートル離れたところにミサイルが飛んできて爆発しました。その後、私たちは屋根の上で建物の破片を見つけました。

俳句はしばしば二重の意味を持っています。つまり、一方では、この句は、春や夕焼けを描いたものとして読むことができますよね。ウクライナでは早春に木々が芽吹くとき、トネリコなどがピンク色や赤みがかった色になります。ですが、実際にはこの空の赤みは戦争によるものです。これは爆破です。一つの俳句の中に、二つの意味があるのです。

――「樹冠」というのは？

早春の木々は赤みがかった色になるからです。木々の芽は赤や、赤黒くなります。まだ開いていない芽生きです。花だけでなく、葉っぱも大きく開く前、赤っぽい色をしています。夕焼けのとき、この赤みがかった色はさらに濃くなります。

「ほの赤き」ですが、これは光が射して、少しだけ当たったということです。一方で、これはただ太陽がこの赤い枝に射しているところです。もう一方では、この光は爆発かもしれない、という句です。

――二月二十四日は、戦争のことをどうやって知り、どう感じましたか？

ウクライナでは、ほとんどの人が、一か月後には戦争がはじまるかもしれないということを理解していました。出ていく人もいれば、脱出する準備をした人もいましたし、すべての会話が戦争に関するもの一色となっていました。ですが、私は信じていませんでした。私は目を閉じて、これを見ないようにしていました。私は、こんなことはありえないと思ったのです。戦争は起きるにしても、それはどこか遠くで起きるものであって、キーウではありえないと思っていたのです。どうやっていきなり攻撃するなんてできるのでしょう？　なんのために？　どうしてですか？　常識では、これはどうやっても説明することは不可能です。ちょっと脅して退却するくらいで、ひどいことは起きないだろうと思っていました。

二十三日の夜、私はニュースで、戦争が今晩起きるということを知りました

私はそのとき、貴重品やパスポートなどを準備して寝ました。もちろん、心の奥底では、やっぱり何も起きないのではないかと思っていました。ですが、朝四時に――大祖国戦争［第二次世界大戦］の開戦時、キーウで六月二十二日の朝四時に爆撃が起きたときのように――、二月二十四日の朝四時に、まったく同じように爆撃がはじまりました。私はキーウ中心部に住んでいますが、その音は聞こえませんでした。ですが、キーウの

東部に住んでいる兄の妻が私に電話してきて、私たちのところは爆撃されていると言いました。ブロヴァルィーという、さらに東の郊外にいる親戚からは、すでにキーウに避難してきたと連絡がありました。

戦争がはじまりました。私はすぐに、かつて祖母の言っていた、あらゆる話を思い出しました。すぐに避難しなければならないという話です。でも、わかっていてもすぐにはできませんでした。市内には退避しようとする自動車が溢れかえっていたからです。一週間後、少し落ち着いた頃に、私たちは脱出することができました。

――ご家族は？

とても高齢の両親がいます。それから、はとこがいます。それから兄とその妻がいて、彼らには三人の子どもがいます。

――全員が西部に避難しましたか？

兄夫婦は、子どもたちと一緒に私たちより少し前に出ていきました。戦争がはじまってから二、三日後にです。私たちは一週間後に、両親とはとこと一緒に避難しました。私たちはまず、先に避難した兄のところへ行きました。そこはペレヤスラフという町で、キーウから百キロ離れています。ドニプロ川左岸にあって、ロシアにより近いのですが、彼らが攻めてきた側ではありません。私たちがそこにたどり着くと、両親は、「この先には行かない。ここはかなり安全だし、もう元気がないし、自動車に長く座っているのもきつい。足が痛いしむくんでいるんだ」と言いました。ですので、私たちはしばらくそこにいて、その後、はとこと一緒にリビウの親戚のところへ行きました。両親は兄のところに残りました。その後、兄の妻と子どもたちは外国に退避しました。

装甲ハッチ　風のコンパス　全方向に

四月になって、リビウで詠んだ句です。ウクライナ語で「люки（リューク）」には二つの意味があります。一つは、下水道などの上にあるマンホールのふたです。そしてもう一つは、戦車や装甲車の扉を閉めるハッチです。「броньовані（ブロニョバーニィ）＝装甲

（装備）を施した」という単語は、どちらかというと戦争を目的としたものに使われますが、下水道のマンホールのふたにも同じようにデザインが施されています。

リビウではマンホールのふたに風配図（ウインドローズ）が描かれています。風配図というのは変化のシンボルですが、春のシンボルでもあります。春は風向きが変わるからです。四月は、キーウ周辺が少しずつ解放されはじめたときでした。

つまり、一方ではこれはリビウにある風配図の描かれたマンホールのふたですが、戦車の装甲の施された扉でもあります。彼らは侵攻しましたが、いまでは私たちは彼らを追い出しています。これは古代ギリシャ神話の翼の生えた勝利の女神、ニケのようです。今日、ニケは彼らのところにいますが、明日は私たちのところにいます。

――日本語に訳すのは難しそうですね。

風配図というのは、古い地図によく描かれています。線の長さと太さで、その地域で吹く風の強さと方角が示されています。古い海図などに記してあります。コンパスの形に似ています。

未耕作沃野を覆う黒い鳥

――これは実際に見た光景ですか?

私たちのところでは、種まきがはじまるのは四月頃です。黒土の中にトラクターが入って土を耕していると、ミミズが出てきます。コウノトリはこのミミズを食べるのです。ウクライナはコウノトリの国です。コウノトリはとても早い時期に、三月に渡ってきます。

毎年春、大きな翼のコウノトリが隊列を組んで黒土の上を飛ぶ光景を見るのが私の喜びでした。ですが、今年〔二〇二二年〕はコウノトリは渡ってくることができませんでした。戦争のせいで、巣を作る場所を見つけることができなかったのだと思います。黒土を耕す人も誰もいませんでした。この黒い畑にはカラスしかいませんでした。

——黒い鳥というのはカラスなのですね？

そうです。平原に遺体が横たわっていると、そこにはカラスが飛んできます。ここにも二つの意味があります。

——戦争は人間だけでなく動物にも影響を及ぼしているのですね。

もちろんです。たくさんの犠牲が出ていますし、この恐ろしい火災で、森林の生き物も犠牲になっています。ウクライナには、いくつもの自然保護区があります。特に、いま占領されているヘルソンには、たくさんの保護区があります。そこでは、希少種の鳥類が巣を作っていますし、鳥類を脅かさないよう、人間が立ち入ることはできません。このすべてがいま壊滅しつつあります。

——森林が燃えているのですか？

森林が燃えていたり、爆発が起きていたりしてます。動物が死に、鳥がルートを変えています。鳥は生まれた場所に飛んでいくものなので、別の場所へ行くことはできないのです。鳥は空中で死ぬこともあります。

樫の木に気持ちを重ねて

落ち葉積む
包囲に耐える
古き要塞

――この句は？

これもリビウでの印象を詠んだものです。私たちはリビウに来てから小さな町を回りました。私は古い建築を研究していて、関心の一つは十四〜十六世紀の、一部が石造り、一部が木造の教会です。これはウクライナ建築特有の様式です。私たちは、シレツ市にある教会を訪れました。雪が降ったばかりで、地面にはたくさんの落ち葉が落ちていました。樫の木でした。まるでこの大地が目覚めたかのような感じがしました。この地の歴史はとても古く、古い戦士たちは有史以来、あらゆる敵と戦ってきました。最初はスキタイ人、それからスラブ人の部族、さらにコサック部隊、つまり、この地はとても強力な戦士たちの地なのです。この戦士たちは普段は安らかに眠っていますが、このようなことが起きると、いっぺんに目覚めます。このミステリアスな感覚は、現実ではありませんが、教会の周囲——ここは昔の前哨地（防衛拠点）でした。この地には自らを守るために立ち上がった経験が豊富にあるのです。

「落ち葉」というのは、この前哨と関係があります。長い時間そこに落ちたままになっていた葉を足で踏めば、この葉は再び宙に舞い上がります。つまり、ここに横たわっていた葉っぱは、古い要塞の目覚めに関係しています。これらの要塞は、いつでも目覚める用意はできていたのです。

——つまり、この古い要塞は戦いのシンボルということですか？

はい。そして要塞自体も上部が木造で、表面を覆っているものは、落ちている木の葉に似ています。

——その教会に行ったのはいつですか？

四月初旬です。

――リビウの近くですか？

リビウの近くです。三十キロほど先で、遠くありません。シレツという町はウクライナでもほとんど知られていませんが、あそこにはいくつかの古い教会があります。

――仕事で行ったのですか？

これは出張だとは言えません。仕事でもあり、趣味でもあります。私は自分の自由な時間ができると、建築の遺物を見にいってしまうのです。なんといっても、私は建築がとても好きですし、同時に俳句をもたらしてくれます。さらには研究のための資料や学生の授業用の資料を与えてくれます。大きな意味で、これは仕事です。

――戦争開始後も、授業を継続できているのですか？

はい。四月から大学でのすべての講義やセミナーをオンラインにしました。みんな散り散りになってしまい、さまざまな場所にいますから……。

――生活も仕事も続いているのですね。

生活は続いていますし、徐々にですが回復しています。金融機関も、携帯電話通信事業者も、すべて機能しています。確かに大変な状況ではありますが、ウクライナは完全に生存能力を備えた国です。軍事活動が展開されている地域を除けば、生活は復興しつつあります。

前哨が立つ風騒ぐ樫の葉

この句は先の句と同じ時期に詠んだものです。ここでは、「樫」と木の名前が挙げられていますが、樫の木は力強さ、威力、防御を感じさせ、さながら昔のコサックという感じがします。

――樫の木を戦士に見立てたのですか？

「風騒ぐ樫の葉」というのは、いまの状況がこの昔の戦士たちの平穏を乱して、風が木の葉を起こし、戦士たちも防衛のために立ち上がっているということです。超自然的な感じすらします。

――「前哨が立つ」というのは？

このときに私が見た十五世紀の、石と木でできた古い要塞のことです。かつてここで戦争がありました。目には見えない超自然的な力＝前哨地（防衛拠点）で、教会や祖先とのつながりを通じて、大地の力が目を覚ましているということです。

戦禍に生きるコウノトリ

検問所
一羽ずつ立つ
コウノトリ

――この句にもコウノトリが詠まれていますね。

キーウからリビウへ向かう路上には、いくつもの検問所が置かれていました。道路を対戦車障害物で遮断し、軍人が身分証明書を確認していました。自動車がスピードを落とすので、そのせいで移動時間が長くなりました。もちろん、必要なことであるのはわかっていますよ。

検問所の軍人は、路上に一人、二人、三人と、一定の距離を保って立っていました。まるでコウノトリが飛んできてとまっているときと同じようでした。私たちのところでは、コウノトリは普通、電柱の上に大きな巣を作ります。コウノトリは家族ごとに、自分の巣に必ず帰ってくるのです。コウノトリはつがいを変えません。必ず同じペアなのです。相手がいなくなってしまうと、一羽で生きていきます。相手は——もしかすると、死んでしまったのかもしれませんし、戦争に行ってしまったのかもしれません。この一羽だけのコウノトリは、私が見た検問所を連想させます。

一方ではこれは検問所の軍人で、もう一方では一羽のコウノトリです。

さようなら！路上で

コウノトリの抱擁

――この句も同じ場所で詠んだのですか？

実は戦争の前に詠んだ俳句です。この句を詠んだのは秋、コウノトリが飛んでいった頃のものです。コウノトリは八月末には飛んでいきます。道のりはとても長く、二羽ともたどり着いたかどうか、誰にもわかりません。この別れは別々のグループに入って飛ぶことになった隣の巣のコウノトリかもしれません。もう一方では、これは別れを告げている二人の人間を連想させるのです。

――この二句は、いまウクライナで起きていることを反映していますね。

はい、誰もが人と別れています。

――離れ離れになるということと、友人をいつ失うかわからないという不安が……。

再会できるかどうかもわかりません。戦争に行く人もいれば、外国へ行く人もいます。家族が完全にバラバラになって、世界の別々の場所に移動しています。

常に誰かが命を落としています。軍人だけではありません。とてもたくさんの民間人もです。私はマリウポリに知り合いがいますが、彼の家族の一人はマリウポリで亡くなりました。これは常に起きていることで、こういった話はとてもたくさんあります。どこかへ旅立つ前のコウノトリのようです。生まれた巣からバラバラにどこかへ飛んでいくのです。

渦中にいるほうが怖くない

——あなたにとってこのような戦争の状況下で俳句を詠むことは、難しいですか？

戦争がはじまった当初、私は俳句を詠めませんでした。技術的にはできたでしょうけど、気持ちが向かわなかったのです。俳句は徐々に出てくるようになりました。これはいまも同じですが……いつでも出てくるわけではなく、波のようになって俳句へと導いてくれます。役に立っているかどうかと言えば……いつもと同じくらいだと答えますね。俳句はいつでも支えになっています。なぜなら、俳句を詠むと、何か別の次元に切り替わるからです。

——以前と同じように俳句の仲間の方と話をしたり、意見交換をしたりしていますか？

オンラインでなんとかやり取りを続けています。誰のところで何が起きたか、いつでも知ることができます。

——リビウに何か月間いましたか？

ほぼ二か月です。私たちがあちらに行ったのは三月中旬で、五月中旬にキーウに戻ってきました。

——日本に来たのはいつでしたか？

六月です。

——家族とは連絡を取っていますか？

はい、毎日話をしています。

——日本に来て、何か変わりましたか？

基本的に、インターネットやテレグラムで同じニュースを見ることができます。テレグラムチャンネルではとてもたくさんのニュースが飛び交っています。
ウクライナにいる人たちのことが心配です。離れたところから見ているほうがずっと心配なんです。キーウにいたときは、防空警報が鳴ってミサイルが飛んでくるときも、避難もせずにコーヒーを飲んでいる人たちがいるのを目にしてきました。いつもそうですが、渦中にいるほうが怖くなかったりするものです。でも、そこから離れると、そこで何が起きているのか、防空警報が鳴っていても大丈夫なのかどうか、知るのが怖くなります。
国のことがとても心配です。でも私は日本にいるほうが、自分の国のためになることをできるような気がします。日本にいる以上、できるだけたくさん役に立つよう頑張らなければなりません。

――具体的にはどういったことですか?

東京大学で、広島や長崎の復興プロセスや、現在の状況などについて調査・研究しています。すでに数十年が経過していますが、これら復興プロジェクトがいかに都市に影響を与えたか、何が良くて何が悪かったか、長崎と広島を比較したり、当時と現在を比較したり、未来のウクライナのために研究しています。

私は広島へ行って、いまウクライナで起きていることについての講演をしました。何が起きているのかを日本の人たちに伝えようと努力しています。ウクライナでは木造教会が燃えてしまいましたが、もしかすると再建できるかもしれません。いまは、さまざまなプロジェクトをコーディネートしながら、こういったことに取り組んでいます。

関連年表

1991年	8月24日	ウクライナが独立を宣言。同年末のソ連崩壊により独立。
	12月5日	レオニード・クラフチュク氏が大統領に就任。
	12月8日	ポーランドとベラルーシの国境にまたがるベロヴェーシの森で行われたロシア、ウクライナ、ベラルーシの首脳による秘密会議で、CIS（独立国家共同体）創立宣言。
	12月25日	ソビエト連邦大統領ゴルバチョフ氏が辞任。ソ連が消滅。
1994年	7月19日	レオニード・クチマ氏がウクライナ大統領に就任。
2000年	5月7日	ロシア連邦第二代大統領にウラジーミル・プーチン氏が就任。2008年まで2期を務めたのち、2012年に第四代大統領に就任。
2004年		11月21日に行われたウクライナ大統領選挙において、ユーシェンコ候補陣営が親ロシアのヤヌコービッチ候補陣営に不正があったと主張。大規模な抗議活動を展開（オレンジ革命）。
2005年	1月23日	親欧米のヴィクトル・ユーシェンコ氏がウクライナ大統領に就任。
2010年	2月25日	親ロシアのヴィクトル・ヤヌコービッチ氏がウクライナ大統領に就任。
2013年	11月	ヤヌコービッチ政権、EUとの政治貿易協定調印を見送る。
2014年	2月21日	マイダン革命でウクライナのヤヌコービッチ政権崩壊。ヤヌコービッチ氏はロシアへ

亡命。
3月17日 ロシアがクリミアを一方的に併合。
6月7日 親欧米のペトロ・ポロシェンコ氏がウクライナ大統領に就任。
9月5日 ベラルーシの首都ミンスクで、ドンバス地域における紛争の停止について合意（ミンスク合意）。

2015年 2月11日 欧州安全保障協力機構（ＯＳＣＥ）の監督の下、フランスとドイツが仲介して、ウクライナとロシアが「ミンスク２」に合意。

2019年 5月20日 親欧米のボロディミル・ゼレンスキー氏がウクライナ大統領に就任。

2021年 9月 ロシア、ベラルーシ軍がウクライナ国境付近で合同演習。
12月 ロシア、米バイデン大統領とのオンライン協議でウクライナのＮＡＴＯ非加盟求める。

2022年 1月 ウクライナで、ロシア軍が侵攻してきた場合、国民が一丸となって抵抗する「国家レジスタンス基本法」施行。
2月21日 プーチン氏、ビデオメッセージで、ウクライナ東部「ドネツク人民共和国」と「ルガンスク人民共和国」の独立を承認すると発表。
2月24日 プーチン氏、ロシア国営テレビで「ＮＡＴＯの東方拡大」「ドンバスでのジェノサイドの阻止」などについて演説。「特別軍事作戦」の実施を発表。ウクライナの首都キーウなどへのミサイル攻撃や空爆を開始。
ウクライナのゼレンスキー大統領、全土に戒厳令を発令。
ロシア軍がチョルノービリ（チェルノブイリ）原発を占拠。
2月25日 国連安全保障理事会でロシア非難決議採決に対し、ロシアが拒否権を行使。

2月26日　UNHCR（国連難民高等弁務官事務所）、ウクライナから隣国のポーランドなどに避難した人の数が15万人を超えたと明らかに。

2月27日　プーチン氏、核を含めた戦力を「特別態勢」にするよう命令。ロシア軍、ハルキウのガスパイプラインを爆破。

2月28日　ベラルーシで一回目の停戦協議。

3月2日　国連総会緊急特別会合でロシア非難決議採択。
UNHCR、ウクライナから国外に避難した人の数が100万人を超えたと発表。主な避難先はポーランド、ハンガリー、モルドバ、スロバキア、ルーマニアなど。

3月3日　ベラルーシで二回目の停戦協議。
フランスAFP通信、ヘルソン州の州都ヘルソンが陥落したと報じる。

3月4日　ザポリージャ原発を攻撃。

3月7日　ベラルーシで三回目の停戦協議、ウクライナ市民の避難ルートの設置が議題に。
ウクライナの教育科学相が「ロシアの軍事侵攻以降、これまでに221の学校が全壊したり、損傷を受けたりした」と明らかに。

3月8日　ゼレンスキー氏、英国議会でオンライン演説。

3月9日　ロシア軍、マリウポリの産科病院を攻撃。
UNHCR、ウクライナから国外に避難した人の数が200万人を超えたと発表。

3月13日　ゼレンスキー大統領、「人道回廊」と呼ばれる避難ルートについて、これまでに「およそ12万5000人を安全な場所に避難させた」と発表。

3月15日　キーウ市長クリチコ、キーウ全域に35時間の外出禁止令を出すと発表。
ロシア、ヘルソン州の全域を掌握したと発表。

3月16日　UNHCR、ウクライナから国外に避難した人の数が300万人を超えたと発表。
3月17日　ゼレンスキー氏、米国議会でオンライン演説。
3月20日　マリウポリ市議会、「ロシア軍による攻撃が連日のように続き、1日あたり50発から100発の砲撃を受けている」とSNSに投稿。
3月23日　国際穀物理事会、ウクライナの穀物の2021年から2022年にかけての輸出の予想を大幅に下方修正。
3月29日　ゼレンスキー氏、日本の国会でオンライン演説。
3月31日　トルコで四回目の停戦交渉。
　　　　ロシア軍、チョルノービリ原発からの撤退を開始。
4月3日　外務省、「ウクライナの首都等の呼称の変更」を発出。
　　　　キーウ近郊のブチャやイルピンなどで多数の民間人殺害が判明。
　　　　ウクライナ経済省、ロシアによる軍事侵攻の影響で主な穀物の輸出量が前月の四分の一に減少したと公表。
4月7日　国連総会、ロシアの人権理事会理事国の資格停止決議を採択。
5月9日　ロシアで第二次世界大戦戦勝記念日。
5月25日　ロシア議会、軍の志願兵の年齢制限を撤廃する法案を可決。
8月16日　クリミア半島のロシア軍施設で複数回の爆発。
8月23日　ウクライナ政府、ロシアによって2014年に一方的に併合された南部クリミア半島の奪還を求める国際プラットフォーム、第2回「クリミア・プラットフォーム首脳会合」をオンラインで開催。
8月26日　プーチン氏、ロシア軍の人員を一割増員する大統領令に署名。

8月30日　ゴルバチョフ氏死去。

9月21日　プーチン氏、予備役の動員に関する大統領令に署名。

9月30日　プーチン氏、ウクライナ東部のドネツク州とルハンシク州、ザポリージャ州、ヘルソン州について、ロシアが一方的に併合することを定めた文書に署名。
ゼレンスキー氏、NATOへの加盟を申請する方針を表明。

10月7日　ノーベル平和賞に、ロシアの人権団体「メモリアル」、ウクライナの人権団体「市民自由センター」、ベラルーシの人権活動家のアレシ・ビャリャツキ氏が選出される。

10月8日　クリミアとロシア南部を結ぶ「クリミア大橋」で爆発が発生し、一部が崩落。

10月22日　ロシアによる攻撃が続くなか、ゼレンスキー氏、「標的はエネルギー」と述べ、節電を呼びかけ。

10月28日　ロシア、30万人の予備役の動員が完了。

11月21日　WHO（世界保健機関）、2月の軍事侵攻以降、ウクライナの病院など医療関連施設への攻撃が703件に上ったと発表。

平和から遠く離れて ——あとがきにかえて

夢にも思わないことは起こるものだ。

数年前まで私たちは一つのテーブルを囲んでいた。テーブルにはウクライナのサーラ（塩漬け脂肉）やロシアのニシンの酢漬けなどが並び、ウオッカで何度も乾杯していた。そのとき席をともにしていたキーウの友人、モスクワの友人が、敵と味方になってしまった。

そもそもウクライナとロシアが一つの国に属していたソ連崩壊自体が「夢にも思わなかったこと」のはじまりだった。

独立国となったウクライナとロシアは、順調というわけにはいかなかったが、それなりの関係を続けてきた。でもそれは表面的なことだったのかもしれない。社会の奥底では衝突への地殻変動が進んでいたのだ。

インタビューでレフコさんは「周囲には戦争への不安や恐怖、未来がどうなるかわからないという雰囲気が充満していました」と語った。そして「とはいえ、私は最後まで信じたくありませんでした。いくらなんでも常識に反しているように思えましたし、客観的に考えてもありえないと思っていましたから」と続けた。

では、この客観的にはありえない戦争への道はどのように作られてきたのか。私自身が見たウクライナは、その歴史のほんの一端でしかないが、それをもう一度振り返ってみたい。

ソ連の中のウクライナ

私が初めてウクライナを訪れたのは、まだソ連だった一九九〇年。ソ連邦一五共和国の一つ「ウクライナ・ソビエト社会主義共和国」の時代だった。

どこまでも続く真っ平らな畑を歩くと、靴裏にべっとりと黒い土がついてきた。黒土地帯という名のとおり、畑は炭を流したように真っ黒だ。夕刻にはそこに真赤な太陽がどすんという音が聞こえるほどの大きさで落ちていく。小さな山間の段々畑の日本とは大違いの豊かな大地があった。首都キーウの街の真ん中にはドニプロ川がゆったりと流れる美しい国だった。

私が当時ウクライナを訪れた目的は、スターリン時代の負の歴史である農業集団化についての取材だった。一九八六年にゴルバチョフがはじめたペレストロイカにより、ソ連国内の取材がようやく許可されたのだ。世界は大きく変わろうとしていた。

一九三〇年代、レーニンの後を継いだスターリンは、ソ連の工業化を目指した。そのためには農民を直接支配できるソビエト国家企業の一員にすることが必要であるとして、「農業の集団化」が進められた。土地の私有や区分けの廃止、集団による土地の共有化である。

しかし、農民の反発は強かった。私たちが訪れたのはキーウから車で一時間ほどの典型的なウクライナの小さな農村ポグレビ村。村長とともに農業集団化の記憶について村人の話を聞いて歩いた。

「強制的に入らされたけどコルホーズ（集団農場）ってどんなところかわからないし、みんな怖がってたよ」「馬も馬車も持っていかれて、種なんかも台所に隠したけど全部ひっくり返して持ってかれてしまったよ」

豊かな農民は人民の敵である富農とされ、財産は没収され、村を追放された。農業は荒廃し、数百万人の犠牲を生んだ大飢饉が人びとを襲った。

農業集団化はソ連全土で行われた。ロシア南部出身のゴルバチョフ自身も、祖父の家族の半分が飢饉で亡くなったと語っている。しかし、豊かな穀倉地帯のウクライナの犠牲は最も大きかった。その隠されていた悲劇の記憶がようやく明らかにされようとしていた。

一方で、ペレストロイカは過去の悲劇的な歴史の見直しとともに、新しい社会への希望を人びとにもたらしていた。ウクライナ西部の街リビウを訪ねた私は、友人から紹介されて、ある人物と会った。

一九八九年に設立されたウクライナ人民戦線「ルフ」中枢メンバーのゴーリン氏。長年反政府活動で収監されていて、ペレストロイカで釈放されたばかりということだった。「ルフ」が目指していたのは、ウクライナの独立だった。

反体制運動の中で痛めた片足を引きずりながらも、精悍な顔つきのゴーリン氏は「これからですよ。時代は変わってきました。私たちが長年望んできた独立が見えてきました。ウクライナは生まれ変わるでしょう」と力強く語った。その希望に満ちた表情に、私もウクライナの明るい未来を信じた。

独立後、ロシアとヨーロッパの間で

そして一九九一年、ソ連は崩壊し、ウクライナは独立国となった。しかし西にヨーロッパ、東にロシアと国境を接するウクライナは、常に両者の間でバランスを取らなくてはいけない位置にあり、政権は不安定だった。

ウクライナ系住民の多い西部はヨーロッパを向いていた。一方、ロシア系住民が多い東部はロシアを向いていた。独立後ウクライナ初代大統領クラフチュクはロシア離れを目指したが、次のクチマ大統領はロシアとの結びつきを維持した。

二〇〇四年の大統領選挙では、親ロシアのヤヌコービッチ候補に不正があったとする市民の大規模な抗議活動によるオレンジ革命が起こり、親欧米派のユーシェンコ大統領が誕生する。しかし、国民の期待を担ったユーシェンコ政権は内部の分裂もあり、二〇一〇年の次の選挙では親ロシア派のヤヌコービッチ大統領が誕生した。

二〇一二年、私はチョルノービリ（チェルノブイリ）原発取材のために再びウクライナを訪れた。空港から町の中心部への道すがら、運転手のセルゲイさんは、生活の苦しさを話し続けた。二十年ぶりに訪れたキーウの様子に私は驚いた。街の中心までの幹線道路のところどころに穴が開き、由緒ある建物の壁の塗装は剝がれ落ちていた。そこに、記憶の中の美しいキーウの姿はなかった。

「一体何があったの？」と聞くと、「政治家は賄賂と汚職にまみれ、オリガルヒと呼ばれる財閥が権力を振るっている。格差が広がって、国民の生活は苦しく、外国に出稼ぎに行く人が増えた」という。

ウクライナの経済はＧＤＰ一人当たり三七〇〇ドルと、ＥＵの十分の一という状態が続いていた。ソ連時代の一五共和国の中で優等生だった豊かな国土を持つウクライナの人たちが出稼ぎに行かなくてはいけないという現実が、にわかには信じられなかった。

マイダン革命、そしてウクライナ東部での紛争

右に左に激しく揺れる政権、格差の拡大に人びとの不満は頂点に達していた。そして二〇一四年、再び政変が起こった。

親ロシア派のヤヌコービッチ大統領が、ヨーロッパとの政治貿易協定調印を見送ったことに市民が反発、キーウの中心の独立広場で市民が蜂起し、ヤヌコービッチ政権を倒し、大統領はロシアに逃亡した。マイダン革命である。

このとき、町の中心の独立広場で起こった市民と治安部隊との銃撃戦では百人以上の死者が出た。このマイダン革命の二か月後、私は再びウクライナを訪れた。

首都キーウの中心にある独立広場には、銃撃戦で亡くなったた百人余りの市民の写真が飾られていた。ろうそくや花を手向ける人が後をたたなかった。その周りには数十のテントが立ち並び、ウクライナ各地から集まったおよそ三千人の若者たちが自警団を組織していた。

革命後、暫定政権が立ち上がり、五月の大統領選を目前にしていた。しかし、立候補していたのは富豪や古い政治家たちばかり、それでも公正な選挙を守り、街の治安を守りたいと若者たちは広場のテントで寝泊まりしていたのだ。

その中に東部のドネツク州から来ていた若者たちのテント（ドネツクテント）があった。東部は昔から親ロシア派が多い。ウクライナ第二の都市ハルキウを中心とするソ連時代の一大工業

地帯で、ロシア系住民も多く住む。二〇〇一年のウクライナ国勢調査によれば、ウクライナに住むロシア人は一七%、ロシア語が母語の人は二九・六%で、ドネツク州ではウクライナ人が五〇・九%、ロシア人が三八・二%であった。

ドネツクテントには二十人ほどの若者たちがいた。旧政権を倒した革命後の独立広場を守ろうとやってきた若者たちは、故郷のドネツクでは裏切り者だった。

リーダーのオレグさんは、溶接工だったが腐敗した政権を変えたいと思って独立広場にやってきた。しかし自分がここにいることで、故郷ドネツクの家族や恋人が、尋問を受けたり嫌がらせをされていると言った。姉からは、もうドネツクに帰ってこないようにと言われていた。帰ったら命を狙われるというのだ。家族の中でも両親と祖母は、ソ連時代が良かったと懐かしむ親ロシア派だ。

いままでずっと平和に暮らしてきた隣人や家族が、この政変を機に激しく分断されることになったのがつらいと語った。

ドネツクのテントで最も若い二十歳のスタスは、テレビで銃撃戦を見て軽い気持ちでやってきたと語った。兄が旧政権の治安部隊で働いていて、銃撃戦に参加し、市民を何人か撃ったという。兄はその後ロシアに行き、消息不明だ。自分は兄と違う道を進みたいと、ドネツクテントに参加した。しかし、長引くテント暮らしと日々の緊張に耐えられない様子で、時折、不安な顔を見せていた。それから数か月後、彼が仲間内のいざこざで殺されたという知らせが入った。大きな時代のうねりに巻き込まれた若い命だった。

そして、マイダン革命に反対するウクライナ東部の親ロシア派の武装勢力は、ドネツク、ルハンシク州の一部を占拠し、一方的にウクライナからの独立を表明した。それを鎮圧しようとするウクライナ政府軍と戦闘がはじまった。

国民の大きな希望を背負ったマイダン革命は、一方でこの国の現在に続く悲劇のはじまりだったのだ。

また、同じ二〇一四年三月、世界を揺るがす事件が起こった。ロシアのクリミア併合だ。ロシア系住民の多いクリミアで住民投票が行われ、ロシア併合要望が決議され、住民にロシア国籍が付与された。国際法を無視したロシアの一方的な併合だった。

キーウでクリミア出身の若者アンドレイと知り合った。アンドレイの母親はクリミアで精肉店を営んでいたが、住民投票後、すぐにロシア国籍を取得した。ウクライナとクリミアの間には検問所が設けられたため、アンドレイが自由に母のもとに行くのは困難になった。アンドレイは「いつも市民は耐えるだけ、いつまでこんな分断が続くのか」と頭を抱えていた。

戦争がはじまったいま、アンドレイとは連絡が取れない。クリミアに戻ったのだろうか。キーウに残り、母と会えないままだろうか。

ミンスク合意とゼレンスキー大統領誕生、ロシアの軍事侵攻へ

二〇一四年、マイダン革命後の大統領選挙では、ウクライナ最大の菓子メーカーのオーナーである大富豪のポロシェンコが当選した。大統領は、欧米との結びつきを強め、ロシアとウクライナ間の航空便の停止など、対ロシア強硬策を打ち出した。東部の紛争が終わることはなかった。

二〇一五年、世界はこの紛争の解決に動いた。フランスとドイツの仲介で、ベラルーシの首都ミンスクで、ロシア、ウクライナ、フランス、ドイツ四か国の首脳が会談し、「ミンスク合意」が調印された。

この合意の概要は、ウクライナの東部（ドネツク、ルハンシクの一部地域）での包括的な停戦。ドネツク、ルハンシクの一部地域に特別な地位を与える恒久法を採択するというものだった。

国連安保理もミンスク合意の履行を求める決議を全会一致で承認した。しかし、この合意が履行されることはなかった。

東部での紛争は続き、今回の戦争までに住民を含む一万四千人以上の犠牲者を出してきた。あのときミンスク合意が履行されていれば、ロシアに侵攻の口実を与えることはなく、今回のロシアの侵攻はなかったのではないか。なぜ、合意が履行されなかったのか、その詳細な経緯

はまだ明らかではない。結局東部での戦闘は止まず、腐敗、汚職対策にも成果をあげられないポロシェンコ政権に国民の不満は再び高まっていった。

二〇一九年の大統領選挙では、俳優のゼレンスキー候補が、ロシアと協議し戦闘を終結させたいと訴え、ポロシェンコ候補に圧勝した。

十二月にはフランスとドイツの仲介でプーチン大統領との首脳会談に臨んだ。しかし交渉は成果をあげられず、二〇二〇年になると、ゼレンスキー政権は、ロシアとの対決姿勢を強める姿勢に大きく転換した。クリミア奪還方針を打ち出し、批判的なテレビ局を閉鎖した。一方で、合同軍事演習などＮＡＴＯとの連携を強めていった。それにロシアは強く反発、両国間の緊張は高まっていった。

大国に挟まれたウクライナは歴史的に常に翻弄されてきた。十三世紀以降、モンゴル、リトアニア、ポーランド、ロシア帝国、ソ連、ドイツなど、さまざまな国の影響下に置かれてきた。何重にも重なった悲劇の歴史の連鎖、その複雑さは、私たち日本人には、頭では理解できてもそこで暮らす人びとの気持ちまで想像することは難しい。

今回のロシアの侵攻に関しても、軍靴の音はずっと聞こえていたのだ。

一番大切なものは、するりと掌からすべり落ちていく

ウクライナの俳人たちも、戦争の恐れはあったと語る。そしてそれは突然はじまった。ブラジスラワさんは、戦争がはじまった日についてこう語っている。「寝ている両親を起こして何がはじまったのか話さなくてはと思いました。でも、そうしたら両親の心地よい夢は終わってしまうんだと思って、私は迷いました」。戦争は人びとの日常に突然飛び込んできたのだ。

爆撃が続く眠れぬ夜の不安と恐怖。灯火管制で真っ暗な夜について、マイヤさんは、「何をするにしてもいつも静かに行動しようとするようになります。（略）ネズミが隠れるみたいにしなければならないという気がするのです」と語った。その言葉から、戦争が人びとの心を押しつぶしていく様子が伝わってくる。

毎日の爆発音、避難のリュックの準備、スマートフォンでの安否確認、日常の中のすべてに戦争があることを、ウクライナの俳人たちの句は伝えている。

ブラジスラワさんは「俳句とは瞬間を描写するための素晴らしい手段だと考えています。（略）自分のためにもほかの人たちのためにも、感情を注ぎ込みつつ記録するとても素晴らしい表現方法だと思います」という。

現在進行形で戦争を生きる俳人たちの言葉を大切に受け止めたい。

一九九〇年、私が初めてウクライナを訪れたときに聞いたゴーリンさんの希望の言葉から三十年以上が経った。ゴーリンさんは独立後まもなく亡くなった。

二〇一四年、マイダン革命の混乱の中で亡くなった若者スタス、あれからウクライナで戦闘が止んだことはない。

二〇二二年にはじまったこの戦争で、私の友人たちは不安な日々を送っている。そして、日々命を落としている若者たちがいる。

夫や子どもを失った人たちは、悲しみを抱えたまま、これからどのように生きればよいのか。

先日、ウクライナの友人からメールが届いた。

「この戦争がはじまって、ぼくは初めて平和の大切さ、ありがたさが本当によくわかったよ」

平和の大切さを何度も聞いてきて、理解しているつもりだった。でもこの友の言葉に、私はまるで初めてそれを聞いたような衝撃を受けた。その強い思いが胸に響いた。

一番大切なものは、するりと掌からすべり落ちていく。


最後にこの本を手に取ってくださった方々に心より御礼申し上げます。

また番組制作の山口智也ディレクター、村井晶子・梅原勇樹プロデューサー、編集の西條文彦氏、カメラマンの富永真太郎氏、他スタッフ各位、取材にご協力いただいた蛭田秀法《ひでのり》氏、ウクライナでのリサーチをお願いしたビクトル・トゥルチェンコさん、翻訳にご協力いただいた佐藤仁美さん、ガリーナ・シェフツォバさん、ありがとうございました。

何よりインタビューに答えていただいたウクライナの俳人の方々に深く感謝申し上げます。

そして出版に際し、編集者の原島康晴さんに厚く感謝申し上げます。

二〇二三年初夏

馬場朝子

アンナ・ビズミチノバ

春の日に　家なき友の　花語り
Весняний день. Друг без будинку Розказує про квіти.

夜間警報　鼓動の間に　静寂を聴く
Сирени посеред ночі – Прислухаюсь до тиші Між ударами серця.

生きている　煩わしかった　ＳＮＳも嬉し
Живі! Радію дописам, Що дратували раніше.

春を待つ　掌で散りぬ　焼けた本
В очікуванні тепла... Розсипаються в руці Згорілі книги.

国際支援　キーウの庭に　ムクゲ見る
Міжнародна підтримка – Квітне в київському подвір'ї Сирійський гібіскус.

砂浜に兵士　勇ましく鳴く　蛙あり
Сапери на пляжі. Десь бадьоро Кумкає жаба.

地味な夏　スモッグの中　子ら遊ぶ
Непомітне літо... У димці смогу Граються малюки.

長き冬　古い教科書　捨てずにおく
Довгою буде зима. Не викидаю Старі підручники.

ガリーナ・シェフツォバ

戦争の空　ほの赤き　樹冠
Воєнне небо Червоні обриси Крон

装甲ハッチ　風のコンパス　全方向に
Броньовані люки Крутиться на всі боки Троянда вітрів

未耕作　沃野を覆う　黒い鳥
Неоране Чорними птахами вкрите Поле

落ち葉積む　包囲に耐える　古き要塞
Тримає облогу Давня фортеця Лежале листя

前哨が立つ　風騒ぐ　樫の葉
Постали фортеці Вітер У листі дубу

検問所　一羽ずつ立つ　コウノトリ
Блокпостами Стоять поодинці Бузьки

さようなら！　路上で　コウノトリの抱擁
Прощавай! Обійнялись над шляхом Лелеки

レフコ・ドブガン

早めの　チューリップの芽吹き　やはり嬉し
Трохи завчасу пробились тюльпани. Все ж радію.

夏の幕間　菩提樹の花　静かに散りぬ
Відцвітання лип незвротне і тихе. Літній антракт.

七月の暮れ　去年の切株で　薪を割る
Липневий вечір. На торішньому пні рубаю дрова.

屋根なき家　今朝までは　誰かの家庭
Будинок без даху. Він був чиїмось домом сьогодні вранці.

リンゴと重力の夜中の勝負　ぽとん　また負けた
Нічні змагання яблук з гравітацією. Гуп. Знову програш.

イリーナ・メレシキナ

古い写真　我より若き祖母　夢に出づ
Старі фотокартки Молодше за мене Наснилась бабуся

暗き家並みの　中庭に　空っぽの眼窩
Наскрізні двори Темних будинків Порожні очниці

サイレン吠え　中庭で　犬が泣く
Виє сирена У дворі Плаче пес

復活祭へ　洗われた窓ガラス　枠ごと崩る
Вимите до Великодня Вибите разом з рамою Віконне скло

戦前　四十一年の前？　二十四日の前！
Передвоєнне... До сорок першого? До двадцять четвертого!

戦争の夏　ＦＢの友達リストは　訃報記事に
Воєнне літо Некрологом стає Френдлента Фейсбуку

警報から　警報まで　雀の短夜
Від сирени До сирени Горобина ніч

二月より五か月　玄関に　子どもの橇
П’ятий місяць поспіль – Лютий В парадному кинуті Дитячі санки

焼野原　「グラード」で　砲撃されし麦畑
Пожарище Розстріляно Градом Пшеничне поле

キンブルン占領　血のごと苦き　ばら色のソロンチャーク土
Окупація Кінбурну Кров’ю гірчить Рожевий солончак

校舎崩壊　避難図は　無事の奇跡
Дивом вцілів План евакуації У розбитій школі

終わりなき夜　幾たびの　爆音での目覚め
Безкінечна ніч Я прокинулася від вибухів Вкотре...

星の光。　街の灯　空に去ったよう
Сяйво зірок Ніби вогні міста Пішли на небо

満月の　暢気に破る　灯火管制
Повня Безпечно порушила Світломаскування

爆破の波　壁の富士山　傾く
Вибухова хвиля Гора Фуджі на стіні Перекосилася

花壇に雑草　去りし人の名　思い出す
Клумби в бур'яні Згадую імена тих Хто поїхав

公園に兵士　幾度も触れる　空の袖
В скверику солдат Раз у раз торкає Свій пустий рукав

炎暑！　陰とともに　花売り動く
Яка спека! Разом з тінню посунувся Продавець квітів

アナスターシャ・クブコ

犬の沈黙　朝に煙の　低くあり
мовчання собак ранкові дими низькі

煙満つ　楡のこずえの　ほの赤く
дими на півнеба ледь червоні кінчики гілок в'яза

検問所の整列　雷の前　空の明るさ
лінійка блокпостів передгрозова яскравість неба

春の雷　前線遠く　遠くなり
громи весняні все далі і далі лінія фронту

遠い停車場　風に吹かれし　タンポポが
далекі перони линуть до вітру кульбабки

長い停滞　ドンバスに　雷落ちる
довга затримка падає грім на Донбас

太陽と鬼ごっこ　バックギャモン　指し手の日焼け
піжмурки сонце засмагли гравці в нарди

ロシア語の武士道　頁の間に　乾いたゴキブリ
Бушідо на російській між сторінок засохлий тарган

赤茶けた路肩　八月の太陽　傾ぐ
руді узбіччя трохи косить серпневе сонце

俳 句 一 覧

マイヤ・ストゥジンスキ

満月や　鷺の孤独な　声ひとつ
самотній голос чаплі повня

耳詰まる　突如の静寂　雪は血に
заклало вуха від раптової тиші кров'яніють сніги

色失せた　凍える女　地平線が震える
безбарвне обличчя змерзлої жінки тремтить горизонт

警報中　少女の笑顔　ケシが咲く
поміж сирен дівоча посмішка розквітли маки

空っぽの　コウノトリの巣　煙の道
порожнє гніздо лелеки задимлені шляхи

ジョウビタキの巣　無人の教会の　屋根の下
загніздилися горихвістки під дахом безлюдної церкви

南東よりの　重き風　空から目を隠す
важкі вітри південного сходу ховаю очі від неба

短夜の　愛の囁き　灯火管制
кохання пошепки короткі ночі світломаскування

一年過ぎ　暖かき母の　首飾り
мамине намисто тепле від доторків згасає ще один рік

ブラジスラワ・シーモノバ

子ら遊ぶ　紙飛行機で　防空壕
Граються діти Паперовими літачками Бомбосховище

うつくしき　空より飛来　ロケット我らに
Небо яке І з нього ж На нас летять ракети

砲撃後　看板なしで　通り分からず
Не можу впізнати Вулицю без вивісок Після обстрілів

掌に　ミサイルかけら　痛い
Стисла в долоні Уламки від ракети Боляче

主待つ　廃屋に　無傷のカップ
Чекає на господаря На руїнах будинку Вцілила чашка

風揺らす　破れたカーテン　蝶の飛行
Шарпає вітер Розірвані штори Політ метелика

ETV特集「戦禍の中のHAIKU」

◉朗読・語り＝髙橋美鈴
◉声の出演＝81プロデュース
◉取材協力＝蛭田秀法
◉撮影＝富永真太郎
◉音声＝鈴木彰浩・野島生朝
◉映像技術＝北村和也
◉映像デザイン＝橋本麻江
◉CG制作＝重田佑介
◉リサーチャー＝高澤圭子
◉音響効果＝日下英介
◉編集＝西條文彦
◉ディレクター＝山口智也・馬場朝子
◉制作統括＝村井晶子・梅原勇樹

馬場朝子（ばば・ともこ）

1951年熊本生まれ。1970年よりモスクワ国立大学文学部に6年間留学。

帰国後、NHKに入局、ディレクターとして番組制作に従事。「スターリン　家族の悲劇」「トルストイの家出」「ロシア　兵士たちの日露戦争」「未完の大作アニメに挑む—映像詩人ノルシュテインの世界」「揺れる大国　プーチンのロシア—膨張するロシア正教」などソ連・ロシアのドキュメンタリー番組を40本以上制作。

退職して現在はフリー。

著書に『タルコフスキー—若き日、亡命、そして死』（青土社）、『低線量汚染地域からの報告—チェルノブイリ26年後の健康被害』（共著NHK出版）、『ロシアのなかのソ連—さびしい大国、人と暮らしと戦争と』『俳句が伝える戦時下のロシア—ロシアの市民、8人へのインタビュー』（現代書館）など。訳書に『銀色の馬』『ヤドカリとバラ』（新読書社）など。

俳《はい》句《く》が伝《つた》える戦《せん》時《じ》下《か》のウクライナ
ウクライナの市民、7人へのインタビュー

2023年 7月15日　第1版第1刷発行

編訳者　馬場朝子
発行者　菊地泰博
発行所　株式会社現代書館
〒102-0072　東京都千代田区飯田橋3-2-5
電話 03-3221-1321　FAX 03-3262-5906
振替 00120-3-83725
http://www.gendaishokan.co.jp/

印刷所　平河工業社（本文）
東光印刷所（カバー・表紙・帯・扉）
製本所　積信堂
装　丁　桜井雄一郎
装　画　岡田房江（カバー）
地　図　曽根田栄夫（ソネタフィニッシュワーク）
協　力　塩田敦士、海津ゆかり

ISBN978-4-7684-5943-0
定価はカバーに表示してあります。
乱丁・落丁本はお取り替えいたします。

現代書館の本

俳句が伝える戦時下のロシア
ロシアの市民、8人へのインタビュー

馬場朝子 編訳

軍事侵攻、言論統制、他国からの制裁、予備役の動員……、激化していく「戦争」の渦中で、ロシアに暮らす人たちは何を思い、どのように暮らしているのか、そしてこの「戦争」をどう見ているのか。孤立感、無力感、葛藤……、戦争の渦中に生きるロシア市民の率直な思いが、時に沈黙をはさみながら語られる。

四六判ソフト上製／224ページ
2000円＋税

ロシアのなかのソ連
さびしい大国、人と暮らしと戦争と

馬場朝子 著

なぜ、ロシアは孤立してしまうのか。大陸のど真ん中にあって、周辺国とうまくやれないのはどうして？　高校卒業後、ソ連・モスクワ大学に6年間留学し、NHKで40本以上のソ連・ロシア関係の番組を制作してきた、日本で指折りのソ連・ロシアウオッチャー馬場朝子さんに自身の体験や現地で暮らす人の言葉をとおして案内してもらいます。

四六判並製／192ページ＋口絵8ページ（カラー）
1800円＋税